Lisa Ortgies

*Ich möchte gern in
Würde altern, aber
doch nicht jetzt*

Lisa Ortgies

Ich möchte gern in Würde altern, aber doch nicht jetzt

Erwachsensein für Profis

Kiepenheuer & Witsch

Verlag Kiepenheuer & Witsch, FSC° N001512

4. Auflage 2018

© 2018, Verlag Kiepenheuer & Witsch, Köln
Alle Rechte vorbehalten. Kein Teil des Werkes darf in irgendeiner
Form (durch Fotografie, Mikrofilm oder ein anderes Verfahren)
ohne schriftliche Genehmigung des Verlages reproduziert
oder unter Verwendung elektronischer Systeme verarbeitet,
vervielfältigt oder verbreitet werden.
Umschlaggestaltung: Barbara Thoben, Köln
Umschlag- und Klappenmotiv: © Arne Weychardt
Gesetzt aus der Minion Pro
Satz: Buch-Werkstatt GmbH, Bad Aibling
Druck und Bindung: CPI books GmbH, Leck
ISBN 978-3-462-04995-4

Inhalt

There is a crack in everything
that's how the light get's in.

Leonard Cohen

Wo ist denn hier die Pausetaste?

Einleitung

Die Arbeit an diesem Buch wurde von einem Infarkt unterbrochen. Am Ende waren es sogar zwei »Ereignisse«, wie die Kardiologen sagen. Aber das können Sie gleich alles in Ruhe nachlesen.

Das Manuskript ist fast fertig, und wir diskutieren über den Titel, mein Lektor und ich. Er will die »Pausetaste«.

»Ich habe das Gefühl, dass Ihr Leben ein sehr hohes Tempo hat, das kommt auch in den Texten rüber. Das ist sehr verdichtet und unter großem Druck geschrieben. Ich bin kein Arzt, aber könnte es sein, dass ...« Mein Lektor wählt die Worte langsam und mit Bedacht. Nicht, dass ich womöglich gleich ausraste und mir ans Herz fasse.

Ich weiß, was Sie sagen wollen, lieber Martin. Sie haben natürlich recht.

Es ist nur so – ohne etwas heraufbeschwören zu wollen: Bevor ich unter Umständen zum dritten Mal in der Notaufnahme lande, würde ich das Manuskript ganz gern fertigstellen. Ich hasse halb fertige Sachen. Beim Lesen könnte also durchaus der Eindruck entstehen, dass ich es eilig habe.

Sie wünschen sich, dass ich dieses Buch schon im Titel dem viel zu hohen Lebenstempo widme, das mir dieses Schlamassel vielleicht erst beschert hat. Weil ich dringend auf die Pausetaste drücken müsste.

Sie vermuten – ebenfalls zu Recht –, dass mein Herz gestreikt hat, weil mein Leben zu vollgestopft war, weil ich mir, wie wir alle, eingeredet habe, dass alles gleichzeitig passieren muss: Kinder, Job, Beziehungsglück, Sixpack, Yoga und die ganze weite Welt.

Aber, das möchte ich unbedingt hinzufügen, es ist nicht allein die Menge an Terminen, Vorhaben und Freizeitevents, die uns so schafft – es ist der Anspruch, all diese Dinge richtig oder sogar perfekt zu machen. Sie mit einem vorzeigbaren Ergebnis, einer wichtigen Erkenntnis oder einem Mehrwert zu beenden. Und ebenso wichtig: das Ganze für jeden logisch nachvollziehbar in den eigenen Lebensplan einzubauen und möglichst unterhaltsam präsentieren zu können.

Mach etwas aus deinen Potenzialen, deinen Muskeln, deinen Kindern, deinen Kontakten, aber auch aus deiner Lebenskrise, deinen Schwächen und deinem Scheitern.

Bei allen, die alt genug sind, um die ersten Tiefschläge zu durchleben, hat sich ein neues Tabu breitgemacht: Es darf nicht mehr einfach nur bereut werden. Im Rückblick darf keine Zeit verschwendet worden sein, muss sich alles zu einer wertvollen Erfahrung umdeuten lassen. Ein Scheitern oder Versagen darf nicht einfach so stehen bleiben, schon gar nicht die Trauer darüber. So etwas muss *verarbeitet* werden. Oder es handelt sich noch um eine *Baustelle*. So wie jede Beziehung heutzutage nicht einfach nur eine sichere Bettenburg sein darf, sondern eine *Baustelle* sein muss.

Auch dazu muss der Betroffene zumindest ein paar schlaue Sätze griffbereit haben, die den anderen *auf den neuesten Stand bringen,* wie weit man ist, mit der *Arbeit* an diesem oder jenem *privaten* und *ganz persönlichen Projekt.* Und am Ende muss irgendeine Lebensweisheit dabei rausspringen, weil man sich *weiterentwickelt* oder am besten: *für immer verändert* hat. Hauptsache Arbeit, Hauptsache produktiv.

Ich will hier nicht krampfhaft politisch werden, aber es scheint, als würde der Kapitalismus endgültig auch unser Selbstbild kapern. Passend dazu gibt es immer mehr psychische, aber vor allem psychosomatische Erkrankungen im Angebot, bei denen nur noch langwierige und teure Therapien helfen. Vor ein paar Jahren wurde der offizielle Katalog von den Experten um ein paar spannende Auswüchse erweitert: Binge Eating, prämenstruelle dysphorische Störung, die disruptive Stimmungsdysregulationsstörung und das zwanghafte Horten.

Wow. Mir kommt es so vor, als hätten die sich an mir als Prototyp orientiert – im Laufe der Jahrzehnte habe ich mit jeder dieser *neuen* Störungen Bekanntschaft gemacht. Obwohl: Das zwanghafte Horten bezog sich nur auf Klamotten. Inzwischen sind Kosmetika dazugekommen. Ich schweife ab.

Auf jeden Fall erinnere ich mich an Zeiten, in denen solche Zwänge als charmante Klatsche galten. Oder als eine besondere Empfindsamkeit. Beziehungen sind früher einfach schiefgegangen. Heute haben sie ein *krankhaftes Muster,* mit dem man die Enttäuschungen der Kindheit zwanghaft wiederholt und sich immer denselben falschen Typen aussucht. Natürlich lohnt es sich, mal hinzuschauen, ob der Kerl, den man sich geangelt hat, auf ungute Weise dem eigenen Vater ähnelt. Aber unabhängig vom Ergebnis kann man das Drama auch noch eine Weile durchziehen. Um es hinterher vollumfänglich zu bereuen. Und abzuhaken.

Komischerweise ist die Umgebung meistens höchst irritiert oder gar verärgert, wenn man Irrwege und Fehlentscheidungen einfach so abhakt. Ohne Moral von der Geschichte. Ich habe einmal versucht, das in einem Gespräch spielerisch vorzuführen – am Beispiel einer völlig verkorksten Beziehung, die mich ungefähr zwei meiner besten Jahre gekostet hat:

Freundin: Wieso wart ihr trotzdem so lange zusammen?

Ich: Weil es irgendwie spannend war.

Freundin: Aber der hat dir doch überhaupt nicht gutgetan.

Ich: Stimmt.

Freundin: Hast du herausgefunden, was dich in der Beziehung gehalten hat?

Ich: Nö.

Freundin: Woher weißt du dann, ob du beim nächsten Mal nicht in die gleiche Situation kommst.

Ich: Weiß ich ja gar nicht.

Freundin: Aber das würde ja bedeuten, dass die Beziehung einfach nur vergeudete Zeit war …

Ich: Stimmt.

»Ich kann damit leben!«, wollte ich noch hinzufügen, bevor die Freundin vorschlug, das Thema zu wechseln.

Das Gespräch liegt etwas zurück. Natürlich weiß ich inzwischen sehr genau, was in den zwei Jahren mit mir los war. Und was das mit meiner Kindheit zu tun hat. Verschwendet war die Zeit trotzdem. Leider kann ich hier nicht alle Zusammenhänge wiedergeben, ohne die Privatsphäre einiger Menschen zu verletzen, die mir sehr viel bedeuten.

Das gilt auch für einige der Sorgen und Nöte, die meine Herzkranzgefäße ramponiert haben. Nicht für alle. Und so werde ich im Folgenden einige dieser Sorgen, aber auch einfach Ärgerliches und Irritierendes zusammentragen. Ohne alles penibel aufzuarbeiten – aber in der Hoffnung, dass ich möglichst viele Leser mit dem anstecken kann, was für mich überlebenswichtig geworden ist: Selbstironie.

Um es mit den Worten eines Showmoderators meiner Kindheit, Gott hab ihn selig, Robert Lembke, auf den Punkt zu bringen: »Älter werden ist kein reines Vergnügen. Aber wenn man die einzige Alternative bedenkt …«

Insofern habe ich nichts dagegen zu altern. Wenn es möglich ist, gern in Würde. Aber doch nicht jetzt! Damit kann ich in zehn Jahren auch noch anfangen. Oder?

Bis dahin werden auf den folgenden Seiten alle Unzulänglichkeiten und Fehler gefeiert, die man im Laufe der Jahrzehnte so hortet. Ich kann nichts versprechen, außer dass Sie vielleicht an einigen Stellen lachen werden.

Wir Middleager

Plötzlich wieder in der Pubertät

Mir kann keiner was vormachen. Ich mir selbst leider auch nicht mehr: Meine Kindheit ist vorbei. Meine Jugend auch. Danach muss ich irgendwann erwachsen geworden sein, aber ich kann nicht mehr nachvollziehen, wann und wie das passiert ist. Zumindest behandeln mich meine Kinder wie eine Erwachsene, aber hinter dem bisschen Respekt verbirgt sich vielleicht auch nur die Angst davor, dass ich ihre Smartphones beschlagnahme. Wenn ich nicht weiterweiß, verstecke ich die Dinger. Dass ich nicht weiterweiß, kommt vielleicht sogar häufiger vor als vor 30 Jahren. Vielleicht ist es erwachsen, sich das einzugestehen.

Sollten mich solche Fragen überhaupt noch beschäftigen? Müsste ich nicht längst drei neue Projekte angeschoben haben und nebenbei Flüchtlinge integrieren? Wo komme ich her, wo will ich hin und woher kommt diese Verunsicherung, verdammt noch mal, dieses ständig Unentschiedene, die chronische Empfindlichkeit, bei jedem Anlass. Und jetzt kommen Sie mir nicht mit Wechseljahren, mein Hormonstatus ist top! Da fällt mir ein: Vielleicht doch noch ein drittes Kind …? Man

liest ja dauernd in der Zeitung von diesen Frauen im Enkel-
kinderalter, die von ehrgeizigen Fortpflanzungsmedizinern
befruchtet werden. Da wäre ich sogar noch früh dran.

Bin ich die Einzige, die sich mit 50 Jahren mehr Fragen stellt
als mit 15, unter anderem die eine, als Überschrift über allen
anderen: Sollte ich in meinem Alter nicht bedeutend souverä-
ner sein? Weise, klar und stilsicher, über den Dingen schwe-
bend – eine Inspirationsquelle für andere?

Sollten wir alle in unserem Alter nicht bedeutend souve-
räner sein? Vorbilder für die Generation nach uns? Ein Role-
Model für würdevolles Älterwerden?

Wir sind die erste Generation, deren Idole nicht älter werden, sondern immer straffer. Wir haben keine Vorbilder für
die Lebensphase Ü40. Wir blicken nach vorn, in die Mienen
(oder auch Minenfelder) von Meg Ryan, Nicole Kidman, Dieter Bohlen oder Mickey Rourke. Die uns nicht viel sagen können, weil sonst die Nähte hinterm Ohr reißen.

Angesichts der ersten unübersehbaren Spuren und Wun-
den des Alters greifen viele zu einem Strohhalm, den sie für
Selbstironie halten. Vor allem Frauen geben ihren Körper
schnell der Lächerlichkeit preis. Um zu vermeiden, dass jemand anders zuerst darüber lacht, nehme ich an ... Dabei hat
niemand vor zu lachen. Aber die tiefe Verunsicherung angesichts des Reifeprozesses, der vor uns allen liegt, treibt eben
seltsame Blüten: weibliche Comedians, die auf der Bühne das
»Welkfleisch« an ihren Oberarmen zum Schaukeln bringen
oder über Brüste witzeln, die sich in den Knien verfangen.

Sie machen all die Witze über Frauen, die Männer nicht
mehr machen dürfen, weil sie sonst bei #metoo landen und
ihren Ruf, ihren Job oder ihre Freunde verlieren.

Haben Sie umgekehrt schon mal einen Atze Schröder über seine eigenen Problemzonen herziehen hören? Männer machen sich sehr selten über ihren eigenen Körper lustig, nicht mal Rainer Calmund. Der ist fast stolz auf seine zentnerschwere Gemütlichkeit.

Liegt es an mir, dass ich über selbstentblößende »Bindegewebs-Witze« nicht lachen kann? Dass sogar etwas wie »Fremdscham« hochkommt? Habe ich vielleicht doch »irgendwie ein Problem« mit meinem Körper? Das schreibt zumindest die Freundin, die mir den Wechseljahre-Comedy-Zusammenschnitt geschickt hat.

Hat sie vielleicht recht? Schließlich gehört es für uns, die Generation der psychologisch Durchgenudelten, zum guten Ton, sich ständig selbst zu hinterfragen. Und zu verbessern.

Unser Weg in die zweite Lebenshälfte führt über Laufbänder, vorbei an Weizengras- und Chiasamenfeldern, an Bikramyogastudios, an Kletterwänden, Paarberatungspraxen und buddhistischen Retreatzentren. Oder lieber gleich zurück in ein früheres, besseres Leben (in Rückführungssessions); und endet angeblich in einer Selbsterneuerung. Oder in einem Neuanfang. Hauptsache was anderes als einfach nur älter. Die Haut wölbt sich, die Arterien gehen zu, die Knochen werden spröde – trotzdem oder gerade deshalb sind wir immer bereit für etwas Brandneues, total Aufregendes, noch nie Dagewesenes, für jedes erdenkliche körperliche oder mentale Abenteuer. Wir sind die erste Generation, die ihr Lebensgefühl an dem von Teenagern misst. In manchen Fällen also mit den eigenen Kindern in Konkurrenz tritt. Mit dem Wettbewerbsnachteil, dass es für Experimente keine Zeit mehr gibt: Ab jetzt werden unsere Eskapaden nicht mehr als Jugendsünden abgehakt.

Das wiederum macht noch unsicherer. Und empfänglicher für jede Form der Lebensberatung. Ständig sollen wir aussortieren, im Kleiderschrank wie im eigenen Unbewussten. Wir müssen immer bereit sein, Gewohntes loszulassen oder uns neu zu erfinden. Warum eigentlich? Und wer oder was waren wir bisher, wenn wir nun unbedingt und so schnell wie möglich Verdrängtes hochholen, den Körper entschlacken und alte Muster loswerden müssen? Mentaler Sondermüll? Lebende Provisorien? Kann mir jemand erklären, wie man im Leben einen Zentimeter weiterkommen soll, wenn man sich in einem permanenten Übergangszustand befindet?

Wie erkennen wir uns selbst wieder und woran erkennen uns die anderen? Uns Mittelalte. Erwachsene. Teilen wir überhaupt dieselben Lebenserfahrungen, wenn die einen in der Jugend gegen Atommüllendlager demonstriert haben, während die anderen windsurfen waren? Haben wir wirklich Einfluss auf die Gesellschaft oder warum wählen so viele AfD und pochen wieder auf evolutionäre Unterschiede zwischen Mann und Frau. Warum können wir uns nicht mal auf etwas einigen und dabei bleiben?

Männer und Frauen ab 40 finden kaum zueinander, weil ihre Individualität sie scheinbar so verschieden macht. Im Vergleich zu den mittelalten Vorgängergenerationen möchten wir sowieso wahnsinnig ungern auf irgendetwas festgelegt werden. Das betrifft mitunter mögliche Partner, eventuelle Kinder, den Job, die nächste Wahl oder das richtige Essen – aber vor allem die eigene Alterskohorte.

Der grau melierte, vollbärtige Mittfünfziger in Skinny-Jeans und bunten Vans-Schuhen, der mir im Enthaarungsstudio um die Ecke den letzten Termin vor der Nase wegschnappt, würde mir was husten, wenn ich uns beide in eine Generation packen würde. Das Longboard, mit dem er mich auf der Straße überholt hat, trägt er unterm Arm. Keine Frage: Er sieht schnuckelig aus. Das gebe ich beleidigt zu, obwohl ich als *nur etwas* jüngere Frau nicht in sein Beuteschema passe. Wahrscheinlich auch dann nicht, wenn ich ebenfalls ein Longboard unterm Arm tragen würde, und erst recht nicht mit grauen Haaren.

Männer altern anders als Frauen, jedenfalls in der allgemeinen Wahrnehmung. Das ist natürlich Quatsch und widerspricht der Statistik: Unter den Mittelalten gibt es zum Beispiel mehr übergewichtige Männer als Frauen. Generell gleichen sich die Alterungsprozesse an: Östrogenmangel auf der einen und Testosteronmangel auf der anderen Seite. Oder Erektionsprobleme versus Scheidentrockenheit. Mehr Herzinfarkte und weniger Lust auf Sex betreffen beide gleichermaßen. Trotzdem dominiert der Eindruck, dass Männer sich besser halten. Ein Phänomen, das man nicht bejammern – nervt ja auch –, aber zumindest benennen muss, denn es bringt verunsicherte Frauen um die 40 dazu, sich mithilfe von Sport und Ernährung auf die Kleidergröße ihrer Töchter zu disziplinieren.

Haben unsere Teenagerkinder nicht das natürliche Recht auf mehr Coolness, festeres Bindegewebe und weniger Körperhaare als wir? Dem sichtbaren Alterungsprozess trotzen zu wollen ist langfristig eine gigantische Zeit- und Energieverschwendung, bei der am Ende nicht einmal mehr Lebenszufriedenheit rausspringt. Im Gegenteil. Nach jedem Etappensieg im Kampf gegen das Älterwerden entdecken wir die nächste Baustelle. Der letzte Vorschlag in diese Richtung war eine Einladung zum Gesichtsyoga. Gegen »das Verschwimmen der unteren Kinnkonturen«. Um das Kinn zu straffen, muss man den Gesichtsyogis eigentlich nur zuschauen, denn beim Schlapplachen werden sogar noch mehr Muskeln bewegt.

Nicht umsonst begrüßen sich Frauen im mittleren Alter standardmäßig mit der Formel:»Du siehst toll aus!« Um sich wenigstens gegenseitig einer Attraktivität zu versichern, an die viele allein und im Stillen nicht mehr glauben. Nicht weil sie keine attraktiven Frauen wären, sondern weil sie beim Samstagabendfilm, auf Instagram oder bei fast allen Werbeplakaten auf dem Weg in die Innenstadt ständig zum Vergleich mit Mitte-20-Jährigen aufgefordert werden. Inzwischen blicken auch viele Männer betrübt an sich herunter, wenn die Helden in Actionfilmen mit ihrem breiten Kreuz und den gestählten Oberarmen die Sonne verdunkeln. Oder ein neues Duschgel am Sixpack abperlen lassen.

Wir Middleager müssen mehr Leistung und Muskeln zeigen als ein pubertierender Gymnasiast, um als halbwegs lebendig zu gelten. Was noch lange nicht heißt, dass wir auch als kluge oder schöpferisch-innovative Wesen ernst genommen werden – da sind wir angeblich abgehängt. Nur weil wir mehr als drei Sekunden brauchen, um alle Funktionen des neuesten iPhone zu erfassen. Im Netz kursieren Überlebenstipps für Millenials, die es mit Ü40ern als Vorgesetzte zu tun haben. Zitat:»Wie wendet man seinen Wissensvorteil am besten an, ohne die älteren Kollegen dumm dastehen zu lassen?«

Menschen über 40 finden in der Werbung, und zunehmend auch in allen anderen medialen Kanälen, kaum noch statt. Nach 60 tauchen sie wieder auf: als Testimonials für Lebensversicherungen und Inkontinenzwindeln (wobei die entsprechenden Models meist um die 40 sind). Ansonsten winkt zwischen 30 und 60 der Abgrund.

Wie die anderen das eigene Ü40-Ich sehen, bekommt man nur indirekt zu spüren, etwa an der Anzahl bestimmter Geschenkgutscheine. An meiner Pinnwand hängen inzwischen vier Bons fürs Probetraining in einem Stromanzug, der die Muskeln zusätzlich stimuliert und stählt. An jedem Geburtstag kommt mindestens einer dazu. Daneben haften diverse Bons für Ayurvedabehandlungen, Pilatesstunden oder Einladungen zu Achtsamkeitstrainings und philosophischen Beratungen. Würde ich alle Bons und Gutscheine einlösen, die ich im Laufe der Zeit in eine alte Keksdose geworfen habe, dann hätte ich ein Zeitmanagement-Problem und noch mehr Stress. Was wiederum mit einem entsprechenden »Simplify your life«-Seminar oder einer Einführung in autogenes Training bekämpft werden könnte.

Hauptsache, ich arbeite an mir, denn – so verstehe ich diese Verbesserungsvorschläge – so wie ich bin, kann ich ja wohl auf keinen Fall bleiben wollen.

Erstens: Wieso eigentlich nicht?

Zweitens: Das Bedürfnis kenne ich gut. Von früher. Meine Tagebücher aus der Teenagerzeit sind voller Selbstzweifel und Tagträume von einem anderen »Ich«: andere Figur, andere Haare, andere Eltern und andere Welt. Gut war alles, was anders war. Das liegt nun mehr als 30 Jahre zurück. Wie ist es möglich, dass diese Gefühle ab 40 ein Revival erleben?

Mehrere Industrie- und Dienstleistungszweige leben davon, dass sich die solventen älteren Jahrgänge einreden lassen, sie seien körperlich und seelisch eine Zumutung für den Rest der

Gesellschaft. Inzwischen lässt sich mit den Eitelkeiten, Sorgen und Defizit-Gefühlen der Middleager sehr viel mehr Geld machen als mit Pickelcreme und Zahnspangen.

Trotzdem rennen alle den jungen Zielgruppen hinterher, dabei sind wir doch eigentlich die Leistungsträger des Kapitalismus, oder? Uns ist es zu verdanken, dass das Internet und die Medien zur ersten Blase anschwellen konnten. Wir haben auch den Finanzcrash provoziert und überstanden und die nächste geplatzte Blase werden wir ebenfalls überleben. Aufstehen, schütteln und ranklotzen.

Ich will nicht gleich zu Beginn dieses Buches allzu viel psychologisieren, aber da sich diese Haltung manchmal zu einer Lebensbedrohung auswachsen kann, möchte ich ein wenig innehalten und warnen:

In den sogenannten Middleagern steckt eine grundlegende Unruhe, gepaart mit einer diffusen Unsicherheit, die uns extrem empfänglich macht für ständige Bestätigung und Anerkennung von außen. Daraus ist unter anderem eine hohe Leistungsbereitschaft erwachsen, die aber irgendwann ins Leere läuft.

Wir sind unglaublich flexibel und wir sind die letzte Generation, die mit einem calvinistischen Arbeitsethos groß geworden ist und auch krank arbeiten geht. Oder joggen. Um dann mit Anfang 50 an einer verschleppten Herzmuskelentzündung zu sterben …

Wir haben eine Bindungslosigkeit kultiviert, die uns zu mobilen und flexiblen Arbeitskräften macht. Im Gegensatz zu vorherigen und zu nachfolgenden Generationen ist der Anteil derjenigen, die einfach nur »in sich ruhen«, seltsam gering.

Die Mittelalten sind eine starke Generation, gleichzeitig zeigen sie eine große Schwäche, wenn es darum geht, sich vor Menschen und Situationen zu schützen, die ihnen schaden. Es gibt eine Häufung von Ängsten und Blockaden, die aus dem Angebot an Selbsterfahrungs- und Esoterikseminaren eine boomende Branche gemacht hat.

Der Grund dafür könnte sein, dass es eigentlich unsere Eltern sind, die auf die Couch gehört hätten. Die Kriegskinder wollten alles vergessen und haben ihr Bestes gegeben, damit ihre Kinder es mal besser haben, und die etwas jüngere APO-Generation wollte alles anders machen, damit ihre Kinder es mal besser haben. Beide hatten ähnliche Probleme damit, die Bedürfnisse von Kindern zu erkennen und sich von Fürsorge und Empathie leiten zu lassen. In den Babyboomerjahren war es durchaus üblich, Babys schreien zu lassen, wenn sie Hunger hatten, um sie zu regelmäßigen Mahlzeiten zu erziehen und ihre Lungen zu stärken – damals eine Empfehlung der Ärzte. Und in mancher Kommune wurden Kleinkinder von allen WG-Mitgliedern betreut, je nachdem wer gerade im »Putzplan« stand und unabhängig davon, ob das Kind eine Beziehung zu der Person hatte. Aber das ist nur ein kleiner Ausschnitt eines weiten Felds. (Zur Vertiefung empfehle ich die »Kriegsenkel« von Sabine Bode.)

Was uns Mittelalte eint, ist ein großes Bedürfnis nach Kontrolle. Selbst bei Dingen, die wir angeblich »loslassen« wollen.

Ich staune, worauf wir Zeit und Nerven verschwenden, und frage mich, wieso wir uns in den Bedürfnissen unserer Darmbakterien, den neuesten Funktionen unseres MacBooks und den Faszien unseres Muskelgewebes verlieren. Oder in nervigen kleinen Machtgeplänkeln mit dem oder der Liebsten. Ich habe eine Ahnung, wieso wir ungebeten 10- bis 14-Stunden-Tage schieben, aber sofort katzbuckelnd den roten Teppich ausrollen, wenn ein Mitte-20-Jähriger Bewerber nach einem Sabbatical fragt. Und ich stelle fest, dass es durchaus krank machen kann, wenn man für alles die Verantwortung übernimmt: Kinder, Job, alte Eltern, die Schultoiletten und den Klimawandel. Oder für die eigene Krankheit. Und deren Heilung.

Wir stellen uns jeder Challenge. Der Satz *Dafür fühle ich mich zu alt* würde uns nie über die Lippen kommen. Als wir Kinder waren, wurde Apple gerade erst gegründet. Zusammengefasst kommt alles, was danach erfunden und zum alltäglichen Einsatz kam, einer kopernikanischen Wende gleich. Die haben wir lässig gewuppt. Im Unterschied zu den Generationen vor uns haben wir aber den überhöhten Anspruch, mit jedem noch so vergänglichen Trend und jedem Tempo Schritt halten zu können. Wir werfen uns der Digitalisierung in die Arme, bevor sie uns überrollen kann, und wir unterwerfen uns jedem Zeitgeist. Weil alles Neue und Junge nur cool sein kann.

Unsere Teenagerkinder dürfen uns als »frühdement« beschimpfen, weil wir vergessen haben, ihre Lieblingsshirts zu waschen. Sie erklären uns zu analogen Trotteln, weil wir noch nicht kapiert haben, dass Facebook »tot« ist. (»Aber du ja bald auch, Mama.«) Was sie aber nicht daran hindert, uns gleichzeitig das Geld aus der Tasche ziehen. Wir lassen uns das alles gefallen. Weil wir ihnen tief in unserem Inneren recht geben …

Unsere Erfahrung und Besonnenheit halten wir für relativ wertlos – und der Arbeitsmarkt folgt dieser Einschätzung … Wir tun uns selbst den größten Stress an und bekommen dafür die geringste Anerkennung aller Generationen. Manchmal auch einen Arschtritt: Wir sind zwar die liquidesten Konsumenten, trotzdem rutschen wir aus den attraktiven Zielgruppen der Werbung und der Fernsehkanäle. Seit Neuestem auch bei den Öffentlich-Rechtlichen – und sogar ganz ohne den Druck der Werbeindustrie.

Wir sind viele, sehr viele. Allein schon durch unsere zählbare Dominanz könnten wir viel bewegen: politisch, gesellschaftlich, wirtschaftlich. Es gibt also keinen Anlass, sich kleinzumachen. Oder vor der Youtube-Generation ständig einen Kotau zu machen. Wo bleibt das mittelalte Empowerment?

Wir sind in der Mehrheit, aber angesichts unserer schieren Masse werden wir vor allem als Bedrohung wahrgenommen. Auch weil wir in naher Zukunft zu viel Rente verschlingen und zu viele Pflegekräfte verschleißen werden.

Tatsächlich sieht es jedoch so aus: Zurzeit geben wir noch sehr viel mehr als wir nehmen. Arbeit, Steuern, Fürsorge, Konsum und Ehrenämter. Könnte mal jemand Danke sagen?

Sollten Sie sich also von Gott und der Welt missverstanden fühlen: Dieser Eindruck kommt nicht von ungefähr. Und er lädt dazu ein, sich noch weiter in diese Empfindungen hineinzusteigern, denn mit dem zweiten Hormonwandel unseres Lebens neigen wir häufig wieder zum Drama. Caroline Bohn, die Autorin von »Wenn die Welt plötzlich Kopf steht«, eines der vielen Lebensmitte-Bücher, die sich inzwischen auch auf dem Boden neben meinem Schreibtisch stapeln, spricht von einer »Gefühlskrise« und gibt dem Leser einen Fragenkatalog für die Selbstanamnese mit auf den Weg:

»Sie fühlen zu viel oder zu intensiv? Sie fühlen nicht das, was Sie fühlen möchten? Sie wissen selbst nicht genau, was Sie fühlen? Sie können nicht ausdrücken, was Sie fühlen?«

Wenn Sie, wie ich, diese Fragen mit Ja beantworten können, dann habe ich eine Diagnose für Sie, die Sie hoffentlich genauso entlastet wie mich:

Sie befinden sich in einer schwierigen Phase des Übergangs und, idealerweise, der Reifung. Sie sind ein Spätpubertier. Aber keine Sorge ...

1. Es gibt keinen Grund, sich dafür zu schämen. Bis auf ein paar Merkwürdigkeiten, von denen dieses Buch berichtet ...
2. Sie kennen das ja vom ersten Mal: Der momentane Zustand wird vorübergehen, und am Ende werden sie schmunzelnd zurückblicken ...
3. Sie sind nicht allein.

Am I in heaven?

Mein Herz (I)

Es ist wahr geworden, ich bin mittendrin. Im »Emergency Room«, wo an »Greys Anatomy« geschulte Mediziner das Sagen haben und gerade die »Night Shift« begonnen hat. Junge, attraktive und smarte Ärzte, in frisches Grün gekleidet, huschen geschäftig an mir vorbei. Nicht ohne mir auf meinem Rollbett ein barmherziges Lächeln zuzuwerfen, das mich beruhigen soll. Es ist tatsächlich genau wie auf dem Schirm. Alle stellen sich persönlich vor, legen eine Hand auf meinen Arm, machen kleine Witze: »*That's what I call a vacation you'll never forget!*«, und wollen meine Geschichte noch mal und noch mal hören.

Als Serienjunkie mit einer ausgeprägten Vorliebe für alles, was in Notaufnahmen und OPs spielt, habe ich immer davon geträumt, dieses Drama auf Leben und Wiederbeleben einmal aus der Nähe anschauen zu dürfen. Allerdings weiß ich seitdem auch, was der Orakelspruch bedeutet: »Wehe, wenn Wünsche in Erfüllung gehen!«

Niemand Geringeres als mein eigenes Herz hat mir den Weg frei gemacht. Durch die Schwingtüren einer New Yorker Notaufnahme, auf einer mobilen Klappliege. Vor mir rollt ein Schlaganfall, hinter mir ein Schädeltrauma. Verletzungen, Unfälle oder Organschäden werden in den Raum gerufen, damit der zuständige Facharzt gleich mithört. Die Patienten lassen ihre Identität am Eingang zur Klinik zurück und werden zu dem, was sie gerade am meisten sind: ein akuter Zustand. Ich bin der Verdacht auf Herzinfarkt. Und weil ich weder bewusstlos noch blau angelaufen bin, darf ich im Flur warten, beobachten. Und nachdenken.

Sofern man von nachdenken sprechen kann, wenn das Hirn fortwährend dieselben Szenen zurückspult, um den Fehler zu finden. Denn natürlich musste und konnte sich das alles nur als ein ärztlicher Irrtum, als ein psychosomatischer Treppenwitz erweisen. Oder etwa nicht?

Die Ferien hatten gerade erst begonnen – unser lange geplanter Familienurlaub in New York. An unserem dritten Tag in Manhattan gab es den ersten Elternstreit. So lange dauert es meist, bis die Alltagsanspannung, die von zu Hause mitreist, zum ersten Mal zurückweicht und Raum schafft für Unterdrücktes. Es war heiß in New York. So heiß, dass die Luft nach Teer roch, weil die oberste Straßenschicht durch die Sonneneinstrahlung Gase bildete. Nach einem Tag bei 40 Grad im offenen Doppeldeckerbus zwischen Ellis Island und Central Park und einem Endlosmarsch durch SoHo, mit einer Restaurantempfehlung aus dem Internet als Ziel, wäre wohl jeder Grund recht gewesen. Ich kann mich jedenfalls nicht erinnern, worum es ging. Nur, dass ich mir irgendwann die Frage stellte, ob eine Wutattacke Übelkeit auslösen könne. Auf dem Rückweg kam Kurzatmigkeit hinzu. Danach, im Hotelzimmer, ein Schwarm Feuerquallen, der von innen meinen Brustkorb in Brand setzte. Als ich schließlich hechelnd auf dem Bett lag, kämpfte ich mit Panikgefühlen, und mein Mann begann die Symptome zu googeln: »Da steht ›Herzinfarkt‹.«

Meine Antwort auf diese *Netdoctor*-Diagnose war knapp und leise, zum Sprechen fehlte mir eigentlich die Luft: »Quatsch!«

Obwohl ich nur eines denken und fühlen konnte: »Du wirst jetzt auf diesem Hotelbett sterben.« Und: »Hoffentlich werden die Kinder nicht wach.«

Circa sechs Stunden später ist der Anfall vorbei. Ich sitze in einem Nachthemdkittel auf einer Rollliege in der Notaufnahme des NYU Hospital. Von den anderen Patienten trennen mich zwei dünne Vorhänge. Nebenan höre ich Stöhnen und Rufe von Menschen, denen es offensichtlich sehr viel schlechter geht als mir. Ich habe hier nichts zu suchen. Ich will einfach wieder zu meiner Familie und den Urlaub fortsetzen. Deshalb habe ich große Mühe, dem jungen und sichtbar skeptischen Notarzt zu erklären, was passiert ist. Weil es mir mittlerweile undenkbar vorkommt, dass mein Herz verrücktgespielt haben könnte. Der Albtraum der letzten Nacht fühlt sich an wie eine überstandene Geburt: Ich bin doch noch nicht gestorben, jetzt ist alles gut und die Schmerzen sind weit weg. Ich will zurück ins Hotel.

Der junge Arzt nickt alles ab, lächelt amüsiert, als wäre ich nicht ganz richtig im Kopf, und ruft seinen Oberarzt und einen Kollegen dazu. Die drei tuscheln – wie bei »Dr. House«, wenn sich das Ärzteteam berät, wer dem Patienten die Wahrheit sagt. Aber das hier ist eben doch keine Soap, sondern ein richtiges Krankenhaus. Und ich scheine nicht so auszusehen, als ob ich Wahrheiten vertrage. Der Oberarzt ist kurz angebunden und teilt mir mit, dass sie ein paar weitere Tests machen müssen. Eine Stunde später kommt er mit dem ersten Ergebnis zurück, im Schlepptau zwei zusätzliche Kardiologen:

Ein Bluttest hat ergeben, dass mein Herz beschädigt ist. Jetzt gilt es herauszufinden, wo und wie.

Um eines klarzustellen: Ich bin gesund. Also abgesehen vom diffusen Ergebnis dieses Bluttests. Ich habe Rundungen, aber kein Übergewicht, auch keinen Bluthochdruck oder Diabetes. Mein biologisches Alter beträgt 35 Jahre. Das sagt mein Hausarzt, der sich streng an meine Blutwerte hält …

Ich bin in diesem Jahr 50 geworden, das ist eine gewichtige Zahl. In den Augen vieler anderer Menschen. Aber die können mich mal. Am Morgen meines runden Geburtstages bin ich aufgewacht und habe jedes Jahrzehnt mit seinen jeweiligen Partynächten, Beinahe-Unfällen, diversen Liebes- und Lebensdramen und Reiseabenteuern Revue passieren lassen. Am Ende bin ich zu dem Schluss gekommen, dass ich zu viel überlebt habe, um mich mit 50 nicht zu freuen, dass ich diese Zahl überhaupt erreicht habe.

Andere haben weniger Glück. Unter Freunden, Bekannten und Verwandten sind die ersten Toten zu beklagen. Ich sehe ihre Gesichter vor mir, während ich das Ende des langen Korridors fixiere und mich frage, wer von ihnen mich wohl auf der anderen Seite empfangen hätte, wenn mein Herz ganz ausgefallen wäre.

Ich höre sie flüstern, als mein Rollbett im Flur vor dem Raum mit dem Herzecho abgestellt wird. Seltsamerweise sprechen sie englisch:

»Am I in heaven?« Bei der nächsten Liege in meiner Reihe wird das Rückenteil hochgefahren. Neben mir taucht ein strahlend weißer Haarschopf auf, darunter ein markantes, circa 70 Jahre altes, gleichmäßig gebräuntes Gesicht mit wachen grünen Augen. In der Adlernase stecken Schläuche, die gepflegten Hände sind auf der Herzseite der Brust gekreuzt.

Eugene stellt sich mitsamt seiner Diagnose vor: »*Heart attack*«, und fragt mich einem umwerfenden Lächeln: »*If this is earth – what are* you *doing here?*«

Noch vor 24 Stunden hätten mich die Avancen eines 20 Jahre älteren Mannes eher unangenehm berührt. Aber in diesem Zwischenreich der Krankenhausflure sind alle Bewertungen aufgehoben, Eugene und ich sind Schicksalsgenossen, alterslos. Wir sprechen über die Panik während der Attacke. Wie der Schreck die Brust flutet, dass es sich anfühlt, als würde man in Angst ertrinken, und dass wir diesen Moment bis zum Ende unseres Lebens nie wieder vergessen werden. Mit einiger Anstrengung muss ich den Impuls unterdrücken, auf Eugenes Liege zu wechseln und meinen Kopf auf seine Brust zu legen.

Jemand löst die Arretierung der Rollen unter meinem Bett. Tom ist da, um mich zum Echokardiogramm zu bringen. Eugene protestiert und bietet ihm Geld, wenn er auf dem Weg meine Telefonnummer herauskriegt. Vor Tom war ich schon mit Nick, Jamie, Melissa, Jeffrey, Barbara, Paul und Enrico unterwegs, die mich zum Röntgen, zur Blutabnahme, zum Ultraschall, zum EKG gefahren haben … Selbst der Mann, der den Fahrstuhl von innen bedient, stellt sich ausführlich vor und fragt mich, wie es mir gerade geht, wo ich herkomme und was passiert ist. Sie schieben mich durch das Kliniklabyrinth in dem typisch weichen und stoischem Tempo der New Yorker Dienstleister und ich muss nichts weiter tun, als ihre freundlichen Fragen zu beantworten oder die Neonlampen zu zählen, die an der Flurdecke über meinem Kopf vorbeigleiten und mir grelle Morsezeichen zublinken. Ich möchte auf ewig durch diese Gänge gleiten. Ich fühle mich für immer von jeder Angst befreit und so sicher und behütet wie bei meinem ersten und einzigen Besuch in einem Kinderkrankenhaus. Damals wurden mir die Mandeln herausoperiert. Es gab jede Menge Spielkameraden, so viel Eis wie man wollte, um die Wunde im Hals zu kühlen, und Krankenschwestern, die einem Kosenamen gaben und über die Wange streichelten.

Es würde mir nichts mehr passieren, denn der schlimmste Fall war eingetreten. Ein halbes Jahr nachdem ich mir – wie so oft in den letzten Jahrzehnten – viel zu viel vorgenommen hatte, war der Stresspegel offensichtlich bei einem *all-time high* angelangt und nicht wieder gesunken. Insgeheim muss mir klar gewesen sein, dass der Dauerdruck, der Schlafmangel, die 10-Stunden-Tage plus Kinder, Haushalt und dem ganzen Ärger im Schweif dieses Alltags zu irgendeiner mittelschweren Katastrophe führen würden. Ich hatte mit einem Unfall gerechnet, vielleicht eine Trennung, Krebs, eines der Kinder haut ab, was weiß ich … Meinem Herzen habe ich bisher noch nie besondere Aufmerksamkeit geschenkt. Vielleicht liegt genau darin das Problem. Es hat noch nie Schwäche gezeigt oder den Dienst verweigert. Bis zu diesem Urlaub.

Und nun stand ich zwar unter Schock, war noch etwas zittrig und weinerlich, aber die Empfindung, die mich mehr überwältigte als alles andere, war: Erleichterung.

Das unbewusste Warten und die Ruhelosigkeit hatten ein vorläufiges Ende gefunden, jemand hatte bei der Geschichte meines Lebens auf die Pausetaste gedrückt. Und nun hatte ich endlich ein Alibi, um endlich mal stehen zu bleiben und mich zu schütteln. Statt mir selbst hinterherzuhetzen. Die Diagnose gab meinem diffusen Unruhedauerzustand eine klare Kontur. Indem es schwächelte, hatte mein Herz seinen Führungsanspruch über mein Leben zurückerobert.

Obwohl es eigentlich keine Schwäche war, die mich aus den Latschen gehauen hatte. Im Gegenteil: Mein Herz hatte in einem Kraftakt aufbegehrt. Genau genommen war mein »Herzinfarkt« kein Infarkt, sondern ein Herzkrampf, auch *»Broken Heart Syndrome«* genannt. Ein Phänomen, das in den Neunzigerjahren zum ersten Mal von japanischen Ärzten beschrieben wurde. Die aber keine eindeutige Erklärung dafür finden konnten, dass sich ein gesundes Herz, umkränzt von glatten Adern, plötzlich so benimmt, als würde es von unsichtbarer Hand stranguliert.

Die Japaner nennen das *»Broken Heart Syndrome«* auch *»Taku Tsubo«*, weil die linke Herzkammer beim Krampfen an die Form der Tonflasche diesen Namens erinnert, mit der früher Tintenfische gefangen wurden: Der Hals ist verengt. Sodass der Herzmuskel kaum noch Blut in den Körper lässt und der Patient wie bei einem akuten Herzinfarkt zusammensackt.

Die Beschreibung des Symptoms bringt mich aber nicht wirklich weiter, ich bleibe an dem gebrochenen Herzen hängen. Laut meiner Google-Recherche trifft es oft ältere Frauen nach einem emotionalen Schock wie dem Verlust des Mannes oder eines Kindes, nach Kriegserlebnissen oder Naturkatastrophen oder einem finanziellen Ruin. Nichts davon war mir passiert. Von außen betrachtet hätte man sogar darauf schließen müssen, dass das Leben es besonders gut mit mir meint – netter Mann, tolle Kinder, interessanter Job … vorläufiger Höhepunkt: ein Urlaub in New York. Der nun zunächst im New York University Hospital endete. Was also war geschehen, wenn eigentlich nichts Schlimmes passiert war? Warum musste mein Herz eine so brutale Maßnahme ergreifen, um mich zu stoppen, und wobei stoppte es mich genau?

Mein Spitzname auf der kardiologischen Station war »*Young Lady*«, weil ich aus Sicht meiner behandelnden Ärzte körperlich »*way too young and too healthy*« war, um mit meinen 50 Jahren in einer Notaufnahme zu landen. Ich würde diese Meinung gern teilen, aber dafür musste ich herausfinden, was mich gegen jede Wahrscheinlichkeit trotzdem dorthin gebracht hatte.

Während der langen Stunden unter der Käseglocke dieses New Yorker Krankenhauses fiel mir als Erstes der deutliche Unterschied zwischen vorher und nachher auf: Es war ziemlich lange her, dass ich mich so lebendig gefühlt hatte. Es fühlte sich an, als wäre ich aus einem Dornröschenschlaf erwacht.

Ich schaute aus dem zehnten Stock auf Manhattan und den Hudson River und hatte das große Bedürfnis, in meinem luftigen Hemdchen durch das Treppenhaus auf die Straße zu stürmen, über den roten Hydranten vor dem Eingang zu hüpfen und einen der Bäume zu umarmen. Ich sehnte mich danach, am Fluss entlang durch die Sonne zu joggen. Ich stöpselte mich ans Handy und wippte zu einer Party-Playlist durchs Zimmer, bis ich mich in die Schläuche meines Infusionsständers eingewickelt hatte. Als mein Mann und meine Kinder zu Besuch kamen, hatte ich gerade meine 84-jährige Zimmergenossin überredet, ein paar gemeinsame Selfies zu machen.

Meine Familie war ein wenig irritiert.

Ich fühlte mich großartig: etwas orientierungslos und überdreht, aber lebenshungrig und fast hysterisch fröhlich. Gleich würde Patrick Dempsey alias Dr. Derek Shepherd durch die Tür kommen und mich in die Ärztekantine einladen.

Anfangsverdacht

Mein Herz (II)

Menschen in mittleren Jahren neigen, ähnlich wie Teenager, zu Übersprungshandlungen. Nach einem Herzinfarkt und ähnlich brutalen Einschnitten hat schon so mancher den Job gekündigt oder seine Familie verlassen. In dem Glauben, er wäre nun vom Universum oder vom lieben Gott persönlich aufgefordert worden, ein neuer Mensch zu werden oder ein anderes Leben zu leben. Ich wünschte, ich wäre zurechnungsfähig genug, um solche Entscheidungen zu treffen, aber in meinem »Post-Broken-Heart-Zustand« traue ich mir selbst nicht über den Weg und mache erst mal ein paar kleine Schritte: Sendungen absagen, die Deadline für dieses Buch verschieben, Aufgaben in der Produktionsfirma abgeben – im Krankenhauskittel, mit Smartphone am Ohr –, um danach, zum ersten Mal seit Jahren, für mehr als ein paar Stunden offline zu gehen.

Das sprichwörtliche Glück im Unglück bedeutet in meinem Fall, dass ich nach meinem Zwischenstopp in der New Yorker Notaufnahme noch fast vier Wochen Urlaub habe. Um ausgiebig nachzudenken. Die Hälfte der Urlaubsaktivitäten wird gestrichen, und während mein Mann mit den Kindern die Nationalparks oder Freilichtmuseen durchstreift, darf ich in der Hängematte schaukeln.

Und in den yankeeblauen Himmel starren. Auf dem ein wolkenförmiges »WHY« und daneben ein etwas kleineres »ME?« erscheint. Das ist möglicherweise eine dumme Frage. Denn erstens denkt wohl jeder, dass schlimme Dinge immer nur anderen passieren. Bei allen anderen Krankheiten und Schicksalsschlägen durfte ich bis dato immer Zuschauer sein, mitfühlend, unterstützend, aber auch erleichtert, dass der Kelch an mir vorüberging … Jetzt hatte es mich selbst erwischt. Reine Statistik. Oder? Zweitens könnte ich mir diese Frage zuerst selbst stellen, bevor ich sie an den Himmel abgebe. Mit 50 Jahren sollte ich mich so gut kennen, dass beim Nachdenken zumindest eine Vermutung herausspringt, warum mich mein eigenes Herz ausgeknockt hat.

Als Kinofan mit einer Vorliebe für melancholische Psychostudien weiß ich immer ganz genau, und meistens auch schneller als andere, warum und wie tief die Heldin einer Geschichte in der Scheiße steckt. Also versuche ich ebendiese Perspektive einzunehmen – die Perspektive der Zuschauerin in einem Film über mein Leben.

Plot: Die Heldin überlebt eine der mächtigsten physischen und psychosomatischen Reaktionen, die der menschliche Körper zu bieten hat.

Dramaturgie: Wer oder was hat sie auf diesen Wendepunkt zusteuern lassen – und wie?

Hauptperson: gut beschäftigte Journalistin, die gemäß den Gepflogenheiten ihrer Generation genügend Therapie- und sonstige Selbsterfahrung gesammelt hat, um etwaige psychosomatische Reaktionen abzufangen. Eigentlich.

These I: Der Körper greift nur dann derart brutal und selbstständig ein, wenn der Geist nichts mehr merkt und alle Signale ignoriert.

These II bzw. gesellschaftlicher Kontext: Wir Mittelalten sind Leistungsträger und Mülltrenner, dabei aber von Selbstzweifeln durchlöchert und emotional sehr bedürftig. Das macht uns einzigartig, aber auch sehr verletzlich.

Wir haben den Sonnengruß, Meditation, gewaltfreies Kommunizieren und schambefreites Vögeln gelernt und können unter Anleitung sogar Unbewusstes zulassen. Wir wissen, wie man Smoothies und Quinoa zubereitet und welches Leinöl das beste ist. Theoretisch sind wir physisch und psychisch gesünder als alle Generationen vor uns. Praktisch haben die meisten von uns eine mächtige Klatsche. Was sich unter anderem darin zeigt, dass die Zahl und die Bandbreite psychischer Erkrankungen genauso schnell wachsen wie der Markt für Selbstoptimierungstechniken oder immer exotischere Ernährungsphilosophien. Das macht uns versiert, aber nicht glücklich. Was stimmt da nicht?

Vielleicht liegt es daran, dass wir es mit unserem Selbst so machen wie beim Recyclen: sammeln, sortieren, säubern und weiterverwerten. Dabei wird aber aus alt nicht neu, sondern nur verwertbar. Immerhin.

KakkMaddaFakka

Nachtleben für Fortgeschrittene

Nach 22 Uhr fange ich für gewöhnlich an zu gähnen. Vor ungefähr 20 Jahren habe ich um diese Zeit zu Abend gegessen. Danach ein kleines Sofa-Nickerchen, gefolgt von ein bis drei Espressi, um ab ein Uhr fit und ausgeruht zu sein für eine Tour durch die Clubs und Lounges von Hamburg. Mancher Abend endete um sechs Uhr morgens mit Spiegelei oder Hackbraten in einer der Kiez-Eckkneipen, Tisch an Tisch mit den Luden und Türstehern, die gerade Feierabend machten und ihr Geld zählten. In diesen fünf Stunden habe ich im Schnitt 1500 Kalorien verbrannt. Ich habe die Tanzfläche nicht wieder verlassen, bevor ich a) völlig durchgeschwitzt war – meistens hatte ich ein zweites Shirt in der Handtasche – oder b) mich jemand antanzte, mit dem es sich lohnte, eine Pause zum Quatschen einzulegen.

Die Schulzeit war so etwas wie der Vorlauf zu diesem Programm: Zusammengerechnet habe ich wahrscheinlich mehr Netto-Zeit in niedersächsischen Dorfdissen und auf Provinzfestivals verbracht als in der Schule. Man könnte also sagen, ich bin mit und in der Disco groß geworden. Tanzen war in meinen Kreisen jahrelang das wichtigste Verständigungsmittel, noch vor der ersten Fremdsprache und lange bevor die weltweit erste SMS verschickt wurde. Es fehlt mir, das Tanzen.

Mein Körper steckt voller euphorischer Erinnerungen: The Cure hat meine Wirbelsäule in eine Schlange verwandelt, zu den B-52's bin ich wie eine Sprungfeder übers Parkett geschnellt, mit Nirvana habe ich bis zur Kopfschmerzgrenze meine Mähne geschüttelt, für Jamiroquai habe ich mir die Hüften ausgekugelt, *I was a cosmic girl and I smelled like teen spirit.* Noch kurz vor der Jahrtausendwende bin ich der Hamburger Schule verfallen und war ein wenig in die Jungs von Tocotronic und Die Sterne verknallt.

Und dann … kam lange nichts. Das Nächste, woran ich mich erinnere, ist ein Auftritt der Kinderband Radau und kleine Fans, die neben mir mitgrölen: »Ist das wahr, wahr oder gelogen …?« Zum Verständnis für alle Kinderlosen: Radau besteht aus vier Männern meines Alters und macht Rock für Kinder – ein widersinniger Anspruch, denn Rockmusik ist heutigen Kindern so nah wie ein Walkman. Als wäre das nicht schlimm genug, »spiegeln die Texte zur Musik die Lebenswirklichkeit von Kindern«. Ich hoffe und bete, dass meine beiden am Ende ihrer Kindheit ein wenig mehr erlebt haben als einen Feuerwehrwagen, einen Hydranten, viele verschiedene Verkehrsschilder oder den Bus, der zum Schwimmbad fährt … puh. Radau ist für die Kindermusik das Gleiche wie die Conny-Bücher (»Conny lernt Fahrrad fahren«, »Conny geht zur Schule«) für die Kinderliteratur. Die Reihe lässt sich bestimmt bis ins nächste Jahrtausend fortschreiben, mit Titeln wie: »Conny zieht eine Jacke an«, »Conny isst ihr veganes Müsli« oder »Conny popelt in der Nase«. Vor Langeweile.

Beides, Radau und Conny, ist möglichst reizarm, damit das Kind sich ruhig verhält und nicht nur auf keine dummen, sondern auf gar keine Ideen kommt. Nie wieder. Eine hirnphysiologische Zwangsjacke sozusagen. Bei Erwachsenen kann die Musik ein *Bore-out* auslösen – bis hin zum Tinnitus. Ich kann es nicht beweisen, aber ich würde darauf wetten, dass über den verschiedenen Conny-Büchern dreimal mehr Erwachsene eingeschlafen sind als Kinder. Aber ich schweife ab.

Mein musikalisches Ego jedenfalls war zum Zeitpunkt des Konzerts so am Boden, dass ich mich selbst dabei ertappte, wie ich zu »Wahr oder gelogen« von Radau hin- und herschaukelte und meine Lippen bewegte.

Kurzum: Es musste etwas passieren. Bevor ich irgendwann genauso unfreiwillig in einem Konzert der »Killerpilze« landen würde – wie eine Kollegin, deren Kinder schon ein paar Jahre weiter waren, aber noch nicht alt genug, um allein loszuziehen. Immerhin konnte sie von unverhofften Flirterlebnissen berichten, denn naturgemäß waren viele gleich alte Väter im Saal, die sich, genau wie sie selbst, nach erwachsener Ansprache sehnten.

Warum nicht? Es gibt schlimmere Antworten auf die Frage »Wo habt ihr euch denn kennengelernt?« als »Bei den Killerpilzen!«. Aber uns allen wäre es bedeutend lieber, wenn wir an die Bräuche unserer verlängerten Adoleszenz anschließen und irgendwo tanzen gehen könnten, um jemanden zu treffen. Ohne unsere Würde beim Türsteher abgeben zu müssen: »Äh, … meine Tochter hat mich angerufen, ich soll sie abholen …«

Denn mit dem Ende der Kleinkindbetreuungsphase erwacht der Körper des Middleagers langsam aus dem Elternkoma, schüttelt sich und fährt auch jene Synapsen hoch, die mit der Motorik zu tun haben. Noch sind die Erinnerungen nicht vollständig reaktivierbar. Manchmal antworten die Gliedmaßen selbstständig auf einen guten Song und die Knie zucken ein wenig, bevor die Rückmeldung das Hirn erreicht: Ein Teil von mir bewegt sich zu Musik! Auf der Piste haben wir nach zehn, fünfzehn oder zwanzig Jahren zwar längst den Anschluss verloren, aber weil es anderen auch so geht, werden Mittelalte plötzlich wieder zu Partys eingeladen. Ohne Kinder! Mit Alkohol! Nach 21 Uhr! Yeah!

Um nichts allzu Peinliches abzuliefern, bin ich ab 40 dazu übergegangen, erste zaghafte Bewegungen im eigenen Wohnzimmer auszuprobieren. Zur Musik eines neuen Jahrtausends. Die ich immer, trotz Babyalarm und Kleinkindstress, anhand der Charts verfolgt habe und die mich begeistert. Wer bei den besten Songs von Maroon 5, Ofenbach oder MIA nicht das dringende Bedürfnis verspürt, alle Moleküle tanzen zu lassen, ist so gut wie hirntot. Wen bei »No Roots« von Alice Merton nicht sofort der Lebenshunger packt, der hatte keine Jugend. Und wer bei »Sweet Creature« von Harry Styles kein Herzziehen verspürt, der sollte mal nach dem eigenen Puls tasten. Ein paar der großen Bands haben meine Mamamorphose sogar überstanden und selbst Familien gegründet, ohne dabei Energie einzubüßen. Ich werde den Red Hot Chilli Peppers oder Coldplay ein Leben lang dafür dankbar sein, dass sie mir inzwischen mehr als 20 Jahre zur Seite stehen. Sie haben meine Sehnsucht am Leben erhalten und meine Hoffnung gestärkt, dass da draußen noch etwas auf mich wartet. Dass musikalische Empathie nicht vom Alter abhängt, sondern von Dingen wie Sinnlichkeit und Unabhängigkeit. Um die Popveteraninnen von En Vogue zu zitieren: »*Free your mind and the rest will follow!*«

In diesem Sinne habe ich darauf vertraut, dass meine Gliedmaßen folgen würden, habe im Streaming-Portal auf Charts geklickt und meinen Bewegungen freien Lauf gelassen. Einzige Zeugin: meine Tochter, die so behutsam wie möglich Feedback gab. »Das ist schlimmer als ich dachte ... viel schlimmer ...«, »Hast du heimlich einen Bauchtanzkurs gemacht ...?« oder »Was machst du immer mit den Armen da unten? Sieht aus, als hättest du deine Kontaktlinsen verloren«. Beim anschließenden Coaching-Gespräch hat meine Tochter mir ein Video von Carolin Kebekus gezeigt, die ihre Mutter in der Disco parodiert, Zitat: »Also, nach Spaß sieht das nicht aus. Eher so, als müsste das gemacht werden – ich tanz das jetzt mal wech hier.« So was passiert, wenn Frauen nach der ersten Babypause, also nach circa zwölf Jahren, beim Familienfest von ihren Verwandten auf die Tanzfläche geschubst werden und davon ausgehen, dass ihrem Körper schon was einfallen wird. Ein tragischer Anblick. Das durfte mir auf keinen Fall passieren.

Der menschliche Körper ist mit 75 Kilometern Nervenbahnen komplett verkabelt, das sollte eigentlich reichen, um ihn mit guter Musik unter Strom zu setzen und die Bässe gleichzeitig in alle Glieder zu schicken. Wenn die Anlage jedoch länger nicht in Gebrauch war, endet so manche Leitung in einer Sackgasse. Wie meine Tochter diagnostizierte, waren bei mir einige Nahtstellen zwischen Hirn und Muskeln lahmgelegt und aus ihrer Sicht konnte da nur Zumba helfen.

Zumba ist so etwas wie das Aerobic der Millenials. Nur anstrengender. Es gibt keinen durchgehenden Beat, sondern Dutzende verschiedene Rhythmen aus Salsa, Merengue, Mambo, Flamenco, Cha-Cha-Cha, Tango, Soca und Hip-Hop. Jedes Lied hat seine eigene Choreografie, es gibt keine ausgezählten Takte, man folgt dem Fluss der Musik. Soll heißen: Irgendwie ist alles ganz anders als bei Aerobic und schwer zu erklären, wenn man es nicht selbst probiert. Nach den ersten Stunden Zumba habe ich jedenfalls den Verdacht, dass es in meinem Körper irgendwann einmal viele kleine Rücken-, Taillen-, Schenkelmuskeln gab, die bei einem Move, der gleichzeitig vorwärts, seitwärts und mit ausgestrecktem Po getanzt werden soll, angespannt werden müssten. Aber sie sind entweder verschwunden oder sie verstecken sich. In einem nicht klimatisierten Saal mit circa 60 Frauen (und einem Mann!) sowie Außentemperaturen von fast 30 Grad war aber nicht einmal das mein vorrangiges Problem – sondern der Schweiß. Ich spreche nicht von einer feuchten Stirn oder Flecken unter den Armen, sondern von zentimeterdicken Strömen, die aus weit geöffneten Poren von der oberen Haargrenze in einem kleinen Wasserfall direkt in die Augen schießen. Ich konnte schlichtweg nichts mehr sehen, schon gar nicht die Zumbatrainerin sechs Reihen vor mir. Trotz meiner geschlossenen Schuhe habe ich auf dem Boden Schweiß-Fußabdrücke hinterlassen, auf denen meine Mitstreiterinnen ausrutschten. Am Ende gab es zwar kein Schulterklopfen – ich war einfach viel zu flüssig, als dass jemand es riskiert hätte, mich zu berühren –, aber viel Zuspruch. In der Art, wie man hoffnungslose Kandidaten bei einer Castingshow lobt, die sofort wieder rausfliegen: »Ich finde es voll mutig, dass du hier mitmachst!«, oder »Hauptsache, es macht dir Spaß und du bewegst dich, oder? Ist doch egal, wie es aussieht!«

Im Laufe der nächsten Wochen haben sich ein paar Muskeln und Hirnwindungen zurückgemeldet, ich war in der Lage, mein Becken kreisen zu lassen, ohne gleichzeitig den Kopf schütteln zu müssen. Ich konnte also den nächsten Schritt wagen, und wie sich herausstellte, war ich nicht allein mit meiner Sehnsucht. Es hatten sich ein paar gleichgesinnte Mittelalte (ab Abijahrgang 85 aufwärts) gefunden, die eine Location, einen weißhaarigen DJ und eine Mailingliste organisieren konnten.

Wir sollten endlich einen Ort für unsere Tanzwut bekommen. Und wenn wir auch bei den Singlebörsen als Ladenhüter gelten – hier wurde uns der rote Teppich ausgerollt: ein privat organisierter Tanzclub in einem szenigen Vereinsheim. Nicht besonders glamourös, aber wer wie ich in einem selbst verwalteten Jugendzentrum groß geworden ist, fühlt sich in dem Schmuddel sofort wohl. Und als Erstes fällt mir auf, dass auch die Männer meines Alters es offenbar ernst meinten mit ihrer unerfüllten Sehnsucht nach durchrockten Nächten. Das Geschlechterverhältnis auf der vollen Tanzfläche bewegte sich sogar bei 60:40 zu ihren Gunsten. Was nicht bedeutet, dass hier Männer und Frauen miteinander oder irgendwie flirtend tanzen. So weit ist man an diesem Abend offensichtlich noch nicht – das hat der Middleager mit seinem rund 30 Jahre jüngeren Ich gemein.

Vielleicht ist das Wissen um die eindeutigen Blicke, Signale und Bewegungen nach den Jahren unter Windelhaufen und Plüschtieren verschüttet und noch nicht wieder freigelegt. Auf jeden Fall wird beim Tanzen konsequent auf den Boden geschaut – statt mal abzuchecken, mit wem man denn da die Tanzfläche teilt. Auch so eine seltsame Marotte der späten Achtziger und frühen Neunziger: Jeder tanzt ganz in sich selbst versunken, Ellenbogen an Ellenbogen. Der DJ lässt die letzten 30 Jahre Musikgeschichte leider außen vor. Bei Ankunft konnte ich noch halbwegs angeregt zu Michael Jackson wippen, aber danach ging es abrupt rückwärts durch die

Chartjahre. Bei »Smoke on the water« stellte ich meine warme Weißweinschorle zurück auf den Tresen, bei »… fire in the sky« war ich schon vor der Tür. Es ist halb eins nachts und die Ersten gehen brav nach Hause, paarweise. In derselben Konstellation, in der sie gekommen sind.

Was ist schiefgegangen? Mein Instinkt sagt mir: Alte Musik = alte Gefühle = vertraute Bindungen. Diese Theorie lässt sich sogar wissenschaftlich stützen. Ich zitiere aus einer Studie zur »musikalischen Geschmacksbildung und Generationszugehörigkeit« des Soziologen Karl-Heinz Reuband:

»Geht man davon aus, dass die maßgebliche Sozialisation (einschließlich die des Musikgeschmacks) in der Kindheits- und Jugendphase erfolgt und die erworbene Orientierung im Verlauf des weiteren Lebens relativ stabil bleibt, müssten sich in den musikalischen Vorlieben Generationsunterschiede widerspiegeln, die durch die in der eigenen Jugendphase typischen und dominanten Musikstile geprägt sind. Selbst wenn sich ein Teil der älteren Generationen nachträglich an die Musikstile der jüngeren Generation gewöhnen sollte, eine derart enge emotionale Affinität wie in der Generation, die mit dem neuen Stil aufwuchs, dürfte sich kaum einstellen.«

Ich versuche einmal zu übersetzen: In der Jugend erleben wir unsere Gefühle und unsere Sinne in einer Intensität und Totalität, die uns als Teenies im wörtlichen Sinn den Verstand raubt. Wenn dabei zufällig ein bestimmter Song lief, dann haben sich der Sound und die Lyrics für immer in unser Bewusstsein gebrannt. So weit, so klar.

Aber es gibt im Laufe einer rund sechs Jahre währenden Pubertät ja auch andere Momente … Um anschaulich zu machen, warum ich überhaupt kein Verständnis habe für Menschen, die alle Musikstile und neuen Beats, die nach ihrer Jugend erfunden wurden, rundheraus ablehnen:

1. Ich habe auch nach dem Abitur (und fortlaufend bis heute) einzigartige Augenblicke, große Lieben und diverse herzzerreißende Momente durchlebt. Auch diese Zeiten sind in der Erinnerung natürlich an die Songs gekoppelt, die gerade liefen. Dagegen kann man sich doch gar nicht wehren. Oder?

2. Mein Bedürfnis, Stücke zu hören, die gerade in den Charts waren, als ich die üblichen Niederlagen eines Teenagerlebens einstecken musste, geht gegen null. Ich möchte auf keinen Fall daran erinnert werden, wie mein Teenagerschwarm mit einer anderen geknutscht hat. Oder wie ich mich im Morgengrauen in eine leere Chipstüte übergeben musste.

Aus diesen Gründen mache ich um Oldie-Radiosender meistens einen Bogen. Trotzdem gibt es Momente, in denen ich mich schützend vor das Radio werfe, wenn meine Kinder die Suchfunktion drücken wollen, obwohl gerade zufällig »Enjoy The Silence« von Depeche Mode läuft und ich meine Gänsehaut genieße. Man muss sich ja nicht selbst verleugnen.

Als Ausgleich für all die Grandmaster-Flash-, Simple-Minds- und Einstürzende-Neubauten-Fans um mich herum kenne ich ein paar ältere Hipster, die qua Job – Werbestrategie und Marketing – gezwungen sind, sich mit den Hypes und Trends der Teens und Twens zu beschäftigen und mich netterweise auf dem Laufenden halten. Für ein Wochenende in Berlin bekam ich zum Beispiel eine Konzertkarte geschenkt, die ich kurz vor Abreise schnell ausgedruckt, aber nicht gelesen habe. Stattdessen hat meine Tochter sie aus dem Drucker geangelt. Kurz darauf rannte sie hysterisch kichernd durch die Wohnung und verschickte die News in alle verfügbaren WhatsApp-Gruppen: »Rate mal, wie die Band heißt, die sich meine Mutter anschaut! Rate mal! … Das errätst du niiiiiiie!«

»KAKKMADDAFAKKA!!!« Es folgte eine Art Lachgeschrei wie bei einem Papagei auf Koks. »Doch! Nein! Wirklich! Die gibt es! Die werden auch so geschrieben: KAKKMADDAFAKKA!«

Meinem Image unter den Eltern der Klasse war die Sache auf jeden Fall zuträglich. Die Mitschüler meiner Tochter waren offenbar der Meinung, dass ein Konzert der KakkMaddaFakka als eine Art Mutprobe für Erwachsene durchgeht. Schließlich machte der Bandname Hoffnung auf ein durchaus gewagtes Spektakel. Obwohl die Youtube-Clips eher nach solidem Pop aussahen, machten wir uns auf alles gefasst. Meine Freundin und ich zogen robuste Sachen an, falls ein paar Flaschen oder Flüssigkeiten durch die Gegend fliegen sollten. Geldscheine und Lippenstift wurden in der Hosentasche verstaut, um möglichst beweglich zu bleiben. Schon standen wir auf der Empore in Huxleys Neuer Welt, neben und über einer brav wippenden Masse von Menschen, die im Schnitt 20 bis 30 Jahre jünger waren als wir. Und Hand- oder Umhängetaschen trugen, auch die Männer.

Und alle hatten offenbar eine gute Kinderstube genossen. Trotz vollem Saal gab es nicht mal vor der Bühne Gedrängel. Wer zur Theke wollte, wurde großzügig vorbeigelassen und auf meinem Weg zur Toilette entschuldigte sich jeder, der mir beim Wippen zu nah kam. Was natürlich auch an meinem Alter liegen könnte. Am Tresen bot mir ein junger Mann sogar seinen Platz an, was mich dann doch mehr irritierte als freute.

Ich fragte ihn unsicher, ob ich so gebrechlich wirke, worauf er meinte: »Ne, aber Sie erinnern mich an meine Mutter, die ist auch ganz cool drauf.«

Nicht, dass irgendjemand glaubt, ich hätte ein Problem damit, als Mutter eines Mitte-20-Jährigen durchzugehen – biologisch betrachtet ist das völlig im Rahmen. Was mir aber wirklich Sorgen macht, ist die Tatsache, dass dieser junge Mann der Meinung war, seine Mutter sei irgendwie cool. Und würde vielleicht auch auf so ein Konzert gehen.

Da läuft irgendetwas schief.

Es ist Teil eines naturgewollten Prozesses, dass Jugendliche und junge Menschen grundsätzlich alles »daneben« und »ultrapeinlich« finden, was Eltern tun oder denken. Man geht nicht mit seinen Kindern auf ein Konzert. Es sei denn, sie sind fünf und die Band heißt Radau. Wie soll ein Kind eine eigenständige Persönlichkeit entwickeln, wenn wir seinen Musikgeschmack teilen? Und in diesem Moment wurde mir klar, dass ich in dieser Halle eigentlich nichts zu suchen habe.

Zumal die Norweger auf der Bühne eher wie eine Schulband wirkten. Der Bandname ist auch schon das Verwegenste an den vier Jungs. Der Höhepunkt des Abends war der Moment, in dem der Sänger seinen Oberkörper entblößte. Ich weiß nicht, wie es den jüngeren Frauen ging, aber ich war wirklich froh, dass er es dabei beließ. Aus anderen Gründen, als man vielleicht vermuten würde … Das ist jetzt ein wenig sexistisch, aber Pink zum Beispiel hat auf jeden Fall mehr Bauchmuskeln und eine gesündere Hautfarbe als der junge Mann da oben.

An der Musik ist wirklich nichts auszusetzen – was in meiner Jugend ein vernichtendes Urteil gewesen wäre. Gut tanzbare, eingängige Melodien, die keinem wehtun. Und so wirkt auch das Publikum. Keine Ahnung, wofür andere bereit sind, 50 Euro Eintrittsgeld zu zahlen, aber für so viel Geld erwarte ich, dass die Musik direkt die Kontrolle über mein Rückenmark übernimmt. Davon waren die vier Schülerlotsen da oben weit entfernt.

Als mich eine junge Frau höflich nach einem gemeinsamen Selfie für ihre Mutter fragte, entschied ich mich spontan für einen Abstecher an die Cocktailbar, wo ich die Einzige war. Sabine, die Barfrau, empfahl mir einen »Wiki Waki Woo«, der zum Großteil aus Wodka und Rum besteht: »Du kannst was vertragen, oder?« Sabine gehört eindeutig in meine Alterskohorte, aber zu den exzentrischen Vertreterinnen: Sie war bis zur Halskrause tätowiert und die rot gefärbten Haare hatten neonpinke Strähnen. Für alle, die Tom Tykwers Film »Lola rennt« aus Jugendtagen kennen: Sabine sieht so aus, als hätte Lola aufgehört, zu rennen, und angefangen, zu walken. Jedenfalls steht sie seit über 30 Jahren auf Konzerten hinterm Tresen und hat längst »die Faxen dicke«. Sabine will umschulen, zur Altenpflegerin: »Ich muss an meine Zukunft denken. Diese kleinen Hipsterscheißer trinken ja nichts mehr. Keine Ahnung, was die sich so reinpfeifen, aber Alkohol ist nicht dabei!«

Am Ende des Abends waren Sabine und ich uns einig, dass sowohl die Band als auch die Fans mutmaßlich große Mengen Ritalin schlucken.

Und dass nach Mitte der Neunzigerjahre in der Musik nichts wirklich Neues mehr dazukam: NDW, Heavy Metal, Hip-Hop, Techno und Grunge, das war's.

Der Rest ist ein ständiger Remix.

So wie das ganze Leben. Prost!

Elternzeitlöcher

Baby an Bord

Wann das alles begonnen habe, will meine Therapeutin wissen. Sie haben richtig gelesen: »meine« Therapeutin. In diesem Punkt bin ich sehr amerikanisch: Alle, die es sich leisten können, sollten sich eine therapeutische Begleitung gönnen. Menschen, die für so etwas Geld übrig haben, sind meistens sowieso diejenigen mit der größeren Klatsche. Die anderen haben echte Probleme, bei denen viel quatschen wenig hilft.

Seit ich die 40 überschritten habe, begegne ich sehr vielen Gleichaltrigen, denen ein eigener Therapeut guttun würde. Mehr Sex könnte vielleicht auch helfen, aber eine Therapie ist unter Umständen leichter zu bekommen. Außerdem empfiehlt es sich, die wichtigsten Bezugspersonen im eigenen Leben langfristig zu schonen. Ich bin der Meinung, dass selbst intime und langjährige Freunde nicht dazu da sind, jede Hysterie – vorhersehbar unglückliche Liebschaften ebenso wie vorhersehbare Jobkrisen – im Detail zu ertragen. Und eben erst recht nicht ein Partner, dem man ja schon Morgenmuffeligkeit oder Streitsucht und ähnliche Unzulänglichkeiten zumutet. Für das Wälzen seiner Probleme sollte man zahlen müssen. Was den Effekt hat, dass sich die Anzahl der Probleme schnell auf ein paar elementare Themen reduziert, denn nichts ist ärgerlicher als eine ungenutzte Therapiestunde.

Ich halte diese Überlegungen für überaus pragmatisch und zielorientiert, also für alles andere als verrückt. Trotzdem zucken die meisten Menschen zusammen, wenn ich in Gesprächen meine Therapeutin zitiere. Oder Vorschläge und Empfehlungen unter dem Vorbehalt beantworte: »Da muss ich mal meine Therapeutin fragen.« Obwohl ich diesen Satz stets mit einem Augenzwinkern versehe, sind viele Menschen besorgt: »Das klingt wie ein Elternersatz!«, kommt dann beispielsweise zurück. Da ist was dran. Na und?

Meine Gegenargumente lauten: 1) Es kommt darauf an, wie präsent die eigenen Eltern waren. Wer da zu wenig bekommen hat, muss die Lücke irgendwann füllen. 2) Egal wie es gelaufen ist: Zeit unseres Lebens bleiben wir unseren Eltern emotional und gedanklich verpflichtet. Sogar dann, wenn sie nicht mehr leben. Das ist so. Einer Langzeitklientin wie mir können Sie das glauben. Insofern kann ein Ersatz keinen weiteren Schaden anrichten, im Gegenteil.

Leider neigen wir dazu, das, was wir als Kinder erlebt haben, mit den eigenen Kindern zu wiederholen. Ich wünschte, ich hätte meine Therapeutin schon vor dem ersten Kind gekannt – nun muss ich auch noch diese Fehler ausbügeln, denn genau da ging es los.

Bis zur Geburt des ersten Kindes hat man einfach allein am Rad gedreht, oder, weil es verbindet, als Paar. Es gab 50-, 60-, manchmal 80-Stunden-Wochen, schließlich wollte man etwas erreichen. Dazwischen und danach wurde die Freizeitplanung verdichtet: Kochevents, Clubhopping, Risikosport,

Outdoorerlebnisse oder alle möglichen Formen der geistigen Selbstkonditionierung. Am Anfang des Jahrtausends waren die Entschleuniger, Sabbaticalianer und Veganer, generell alle Anhänger des Bewusst- und *Slow*-Lebens, noch in der Minderheit. Das Leben ohne Kinder war weitestgehend selbstbestimmt und deshalb, passend zum Zeitgeist, sowieso schon bis zum Anschlag verdichtet.

Aber, um die Frage meiner Therapeutin zu beantworten: Mit der Familiengründung zog der ganze Wahnsinn deutlich an. Plötzlich musste alles parallel passieren, plötzlich war alles eine Frage der Organisation – der Job, die Familie, die Freizeit, die Beziehung, sogar die Bindung zum Kind.

Kinder wurden Ende der Neunziger noch so weit wie möglich in die Zukunft geschoben, aus Angst, man könnte etwas Spannendes verpassen, und um für den Job flexibel zu bleiben. Aus allen anderen Optionen konnte man wieder aussteigen, nur nicht aus der Elternschaft. Also wurden Kinder zu einer Perspektive von vielen. Im zarten Alter von Mitte dreißig fühlten sich die meisten zu jung, um in diese Einbahnstraße einzubiegen, denn es hätten sich zu viele andere Türen geschlossen. Viele haben schlicht zu lange gegrübelt.

Die anderen haben Kinder bekommen, wollten sich dadurch aber auf keinen Fall von ihrem spontanen Lebensstil ablenken lassen und hinter die Kinderlosen zurückfallen. Babys wurden einfach überallhin mitgeschleppt. Im Tragetuch der Millenial-Babys, dem »BabyBjörn«. Um zu beweisen, wie entspannt man war, ganz anders als die eigenen Eltern, und dass man auf keinen Fall verspießern würde. Okay, in einen Club kam man mit Baby nicht rein, aber sonst war alles »easy«. Auch wenn es auf mancher Veranstaltung so voll wurde, dass der BabyBjörn durchnässt war vom verschütteten Wein, und obwohl das schlafende Baby im Tragebett bei Feten unter den Jackenstapeln im Schlafzimmer begraben wurde.

Ich habe mich selbst als Role-Model für die neue Familienpolitik betrachtet und bin nach nicht mal drei Monaten Babypause brav auf den Bildschirm zurückgekehrt. Es wäre vielleicht einen Gedanken wert gewesen, ein ganzes Jahr zu Hause zu bleiben. Da ich im Laufe meines Lebens auf 50 Arbeitsjahre oder mehr kommen könnte, müssten zwölf Monate ja nicht gleich zu einem unkalkulierbaren Risiko für Karriere oder Rente werden. Stattdessen habe ich auf der Flughafentoilette Milch abgepumpt, um sie nach Ankunft beim Sender der Kinderfrau in die Hand zu drücken, und so manche Aufzeichnung unterbrochen, weil meine Kleine zu schnell wieder Hunger bekam. Im Schminkraum saß auf dem Stuhl neben mir die Moderatorin einer Tiersendung, die beim Schminken ebenfalls ihr Baby angelegt hatte. Während die Maskenbildnerinnen unsere Augenringe überdeckten, unterhielten wir uns über Dehnungsstreifen und Rückbildung. Mein Highlight unter den vielen Geburtsvor- und -nachbereitungskursen, die ich mehr oder weniger alle nach der ersten Stunde wieder geschmissen habe, war die meditative Beckenbodengymnastik: »Wir stellen uns vor, wir hocken über einer blühenden Wiese und zupfen Grashalme mit unseren Schamlippen …« Vor Lachen habe ich das Gleichgewicht verloren. Irgendwie fehlte mir für solcherart erotische Naturerlebnisse zu der Zeit der Sinn.

Niemand hat dieses »Alles-ist-organisierbar-Modell« infrage gestellt, und Kontakt zu Hausfrauen oder Teilzeitmüttern hatten wir nicht. Wo sollten wir die auch treffen? Karriere machen bedeutete für Frauen spätestens mit Beginn der Neunzigerjahre dasselbe wie für Männer – nur dass Geburt, Stillzeit, Kleinkindphase, Masern, Grippe, Nachhilfe und alles andere auch noch in den Zeitplan passen musste, während sich für die Väter meistens nicht allzu viel änderte.

In der Woche waren die Mütter mehr oder weniger unter sich und teilten sich schnell in zwei Lager: Diejenigen, die schnell wieder in den Job zurückmussten, verschwanden aus den Babymassage- und PEKiP-Kursen und absolvierten ihr Leben im Schweinsgalopp zwischen Büro und Kita. Am Samstag waren die Parks voll mit Vätern, auch wenn so mancher zum Tragetuch vor der Brust am Ohr ein Smartphone trug. Und in der Woche sah man dieselben Männer im Anzug, wie sie mit der Laptoptasche über und dem Kleinkind im Arm vorbeistürmten, um ihre Kleinen rechtzeitig zum Morgenkreis abzugeben. Väter hießen fortan »neue Väter«, weil sie mehr Zeit mit ihren Kindern verbringen wollten. Was sie in jeder Umfrage beteuerten. Leider blieb es meistens bei sozial erwünschten Absichtserklärungen. Die »neuen Mütter«, die sich nie als solche profilieren konnten, haben es irgendwie nicht geschafft, Arbeit zu delegieren. Bei der Mehrheit der Paare blieb es bei der herkömmlichen Aufgabenteilung. Auch wenn beide berufstätig waren: Zwei Drittel der Hausarbeit werden von Frauen erledigt. Bis heute. Obwohl es starke Vorbilder gibt. Seit zwölf Jahren lobt die Großbäckerei Mestemacher einen Preis aus für den »Spitzenvater des Jahres«. Der es trotz Doppelbelastung schafft, seiner Frau den Rücken freizuhalten. Dafür gibt es 5000 Euro. Die vielen ungenannten Spitzenmütter, die seit Jahrzehnten das Gleiche tun, sind irgendwie nicht preiswürdig. Ein solcher Preis für engagierte Mütter würde wohl zu Recht als eine reaktionäre Schwachsinnsidee ganz schnell wieder vom Tisch sein. Aber die Väter müssen ja noch überzeugt werden, mehr Opferbereitschaft zu investieren. Dabei ist die richtige Motivation eben enorm wichtig, das kennt man ja aus der Erziehung oder auch aus dem Umgang mit Mitarbeitern.

Für Frauen gibt es andere Ziele, etwas weiter weg, wie zum Beispiel die »Topmanagerin des Jahres«. Allerdings sind Kinder und Haushalt in dieser Kategorie nicht relevant – eine Topmanagerin regelt so etwas schließlich mit links und ansonsten mit Verschwiegenheit. Es geht ja auch niemanden etwas an, wie viele Dienstleister beschäftigt werden, um Haushalt und Kinder zu wuppen. Die Väter haben neben ihrer Karriere jedenfalls keine Zeit. Man will mit solchen Details auch keine anderen Mütter frustrieren, die sich in niedrigeren Gehaltsklassen bewegen und das Klo selbst putzen müssen.

Diese Tätigkeit gehört übrigens zu den Aufgaben, von denen Männer bis heute in fast 100 Prozent der Fälle entlastet werden. Unter den Soziologen, die sich mit diesem Phänomen beschäftigen, wird schon gewitzelt, ob es etwas bewirken könnte, wenn man Klobürsten mit einem Laserstrahl ausrüsten würde. Aber das ist natürlich sexistisch. Nicht alle Männer stehen auf Star Wars, nur weil sie Männer sind.

Mittlerweile sind die Väter aber mächtig stolz auf ihre arbeitenden Partnerinnen. Und wie diese die Doppelbelastung bewältigen: Der Titel »Familienmanagerin« hat sich durchgesetzt. Immerhin.

Wie ich inzwischen feststellen konnte, hat sich an den geschilderten Verhältnissen in den letzten 15 Jahren kaum etwas geändert. Und damit meine ich natürlich nicht die vielen Väter in meinem urbanen Umfeld, die ihre Kinder auch nachmittags aus der Kita abholen, die länger als zwei Monate in Elternzeit gehen, die Teilzeit arbeiten und die ganz selbstverständlich die Hälfte der Hausarbeit übernehmen. Darunter auch viele Kollegen, die sich zu Recht darüber empören, mit Feierabendvätern in einen Topf geworfen zu werden.

Liebe Vorzeigeväter, das Problem ist: Ihr seid wenige, sehr wenige. Eure Gruppe ist bundesweit so klein, dass die Soziologen keine statistische Relevanz erkennen können. Ihr seid die Avantgarde, die Speerspitze der männlichen Emanzipation. Aber weil ihr im Verhältnis zu eurer statistischen Relevanz viel darüber redet und schreibt, twittert und bloggt, und weil auch Politiker (in Elternzeit) und Konzernchefs gern mit Frauenthemen punkten, ist der *gefühlte* Fortschritt in Sachen Vereinbarkeit und Gleichstellung gewaltig. Gemessen an den realen Zahlen muss man aber von einem Schneckentempo sprechen. Deutschland hat auch dank euch so viel über diese Themen gesprochen, über Vereinbarkeit und Frauenkarrieren und Vätermonate und Familienfreundlichkeit und Betriebskindergärten und Krippenplätze, dass alle irgendwie die Faxen dicke haben. Die Mehrheit hat den Eindruck: Jetzt muss es auch mal gut sein. Der Rest erledigt sich von allein.

Und außerdem – gelebte Gleichstellung lässt sich nun mal nicht von heute auf morgen umsetzen, wir sind schließlich erst seit rund 50 Jahren an dem Thema dran. Und es gibt noch andere große Projekte wie die Umsiedlung der Menschheit auf den Mars. Zumindest wäre schon geklärt, wer während des langen Fluges das Klo sauber macht. Wenn wir immer alle Details diskutieren, kommen wir ja auch nicht weiter.

Ich selbst habe auch nie über die Details meiner persönlichen Vereinbarkeitslösungen gesprochen. Es gehörte zum

Selbstbild einer berufstätigen Mutter, dass Familie eine Frage der Organisation, also des Könnens und der individuellen Opferbereitschaft, war und überhaupt: Privatsache. Man musste es nur wirklich wollen, dann ging alles. Hinzu kam, dass ich, wie die meisten im Medienprekariat, mit befristeten Projektverträgen unterwegs war, und das bedeutete: Wer zu lange aussetzt, ist draußen. Einmal in der Woche hechtete ich mit Kinderwagen und BabyBjörn im Taxi zum Flughafen, während mein Mann schon seit Montagmorgen auf Dienstreise war. Mit den Leuten an der Sicherheitskontrolle war ich irgendwann per Du. Mehr als einmal sprach mich einer der topgepflegten Hamburger Vielflieger an und erklärte mir, dass sie mit ihren vier Kindern nur noch auf Sylt Urlaub machten, weil man sich diesen Stress am Flughafen mit den Kleinen nicht antun sollte. Im Ferienhaus, wo man oft selbst kocht – »also die Gattin«, gespielt schuldiges Lächeln –, denn ein Restaurantbesuch habe ja mit Kleinkindern auch keinen Sinn. Man könne den anderen Gästen ja kein Babygeschrei zumuten, das man selbst kaum ertrage.

Während ich mit meiner Tochter vor der Brust sozusagen als Role-Model für die neue Familienpolitik durch die Gegend hetzte, wurde irgendwann das Elterngeld erfunden. Was wiederum den Druck zu »performen« erhöhte, denn nun musste man auch diese Zeit möglichst effektiv nutzen. Heute ist das Netz voll mit den Fotos der Elternzeitreisenden, die bis in den Iran und nach Papua-Neuguinea vordringen, aber wir waren damals die Pioniere. Niemand konnte erwarten, dass wir einfach nur mit dem Baby zu Hause hocken, um uns langsam und entspannt an den neuen Menschen zu gewöhnen und um auch mal den Luxus eines Nachmittagsschläfchens zu genießen, wenn die Nacht hart gewesen war – viel zu vernünftig und gesettlet. Das war etwas für Elterngeldspießer. Wir wollten frei sein, Elternzeit war das neue Interrail, die Challenge für Globetrotter-Eltern …

Es musste mindestens ein anderer Kontinent sein, ein großes Land, in dem wir beide noch nicht waren, möglichst weit weg: eine Wohnmobilreise durch Kanada. Und die begann natürlich mit einem Höllenflug, weil unser Kleiner mit seinem Geschrei die ganze Economyclass wach hielt. Nach der Ankunft holten wir einen demolierten Kinderbuggy vom Band, Totalschaden. Und unsere erste Bleibe, ein dunkles Souterrain-Apartment im Studentenviertel von Vancouver, haben wir eine Woche lang nur verlassen, um irgendetwas Essbares zu beschaffen, weil wir alle mit einer Grippe flachlagen. An diesem Punkt hätten wir noch ein paar grundsätzliche Überlegungen zulassen können. Zum Beispiel, ob es vielleicht besser wäre, auf der nächstbesten Insel eine Hütte zu mieten und einfach acht Wochen lang: auszuschlafen, zu baden, zu spazieren, Strandgut zu sammeln … Aber das Wohnmobil war ja schon reserviert, so wie auch die Fahrtroute schon feststand. Eigentlich hätte uns schon bei der übereilten Organisation dieser Reise auffallen können, dass wir uns viel zu viel vorgenommen hatten. Doch das hätte vorausgesetzt, dass wir uns Zeit für die Planung nehmen. Zeit, die wir nicht hatten. Nicht zu haben glaubten. Und Begriffe wie »Ruhe« oder »Nichtstun« sind uns damals nie in den Sinn gekommen.

Also haben wir die zwei Monate damit verbracht, Kilometer zu fressen. Die schönsten Naturkulissen haben wir durch die Frontscheibe bewundert oder von einem Parkplatz mit Aussicht. Das heißt: einer von uns. Der andere blieb in der Küche, weil die Kinder schon wieder Hunger hatten, vermutlich vor Langeweile. Oder weil sie sich über den Rauchmelder freuten, der jedes Mal mit einer nervenzerfetzenden Sirene ansprang, wenn auch nur Wasser gekocht wurde. Ungeplante Stopps am Wegesrand konnten wir kaum riskieren, wenn wir die empfohlene Rundreise aus dem Lonely-Planet-Reiseführer in acht Wochen abhaken wollten. Dazu gehörten auch ein paar Trailwanderungen, auf denen wir ununterbrochen von Familien mit Teenagerkindern überholt wurden, die uns ebenso belustigt wie mitleidig grüßten. Während wir – einer das Baby, der andere das quengelnde Kleinkind in der Trage – um jeden Meter kämpfen mussten, unterbrochen von etlichen Pausen für Fütterung, Windelwechseln, Geheul etc. Nach maximal zwei Stunden haben wir die Runde in der Regel erschöpft abgebrochen, um unsere Tagesetappe noch zu schaffen. Was dann darauf hinauslief, dass wir auf irgendeinem Parkplatz neben der *Interstate* übernachten mussten, um nicht die Nacht durchzufahren. Bis wir unser *Mobil home* auf einen richtigen Campingplatz manövrieren konnten, hatten die Kinder einen erheblichen Bewegungsdrang angestaut. Gut möglich, dass in einigen Jahren bei den beiden ein Rückenschaden festgestellt wird, der sich bis zu den acht Wochen im Kindersitz zurückverfolgen lässt. Unsere Große hat noch nie in so kurzer Zeit so viele Filme beim Autofahren geschaut, allein schon um sie von ihren streitenden Eltern weiter vorne abzulenken. Das sind möglicherweise nicht die Szenen, von denen Experten sprechen, wenn sie behaupten, dass Reisen die kindliche Entwicklung fördert.

Es gab den ein oder anderen Kanadier, der sich verwundert erkundigte, warum wir mit so kleinen Kindern eine so weite Reise unternehmen. Vielleicht liegt es an meinem Englisch, aber am Ende der Unterhaltung waren die Einheimischen immer verblüfft, dass die deutsche Regierung jungen Eltern einen Langzeiturlaub zahlt. Aber wie sollten wir auch etwas erklären, das wir selbst nicht ganz verstanden. Unsere Rastlosigkeit, die instinktive Unruhe und der Erlebnishunger hatten längst eine Eigendynamik entwickelt, die unser ganzes Leben bestimmte.

Psychologen sprechen auch von ADHS, der Aufmerksamkeitsdefizit-Hyperaktivitätsstörung. Eine Störung, die vor allem bei Kindern diagnostiziert wird. Was meines Erachtens in die völlig falsche Richtung geht. Die gucken sich das nur ab. Achten Sie auf die Eltern dieser Kinder und dann sagen Sie mir, ob das normal ist oder nicht: Siehe folgendes Kapitel …

Anruf in der Ruhezone

Smartphones und andere Familienmitglieder

Nachts horte ich alle Kindersmartphones in meinem Wäscheschrank. Meine Tochter bekommt das Ding erst in die Hand, wenn sie schultaschenbepackt und abmarschbereit vor der Tür steht: gewaschen, angezogen, satt gegessen und ansprechbar. Eine Zeit lang habe ich sie ihrer Selbstdisziplin und damit der Anziehungskraft ihres Handys überlassen. Mit dem Ergebnis, dass ich nach ihrem chronisch verspäteten Aufbruch leere Müslischüsseln im Kühlschrank und nasse Handtücher auf dem Schreibtisch fand. Oder sie hat es zwar trotz Display vor der Nase geschafft, sich zu schminken, vergaß aber das Zähneputzen.

Dank konfiszierter Smartphones hat sich der Tagesanfang enorm entspannt und zu meinem Erstaunen kann ich meiner Tochter mehrere ganze Sätze hintereinander entlocken. Es kommt sogar vor, dass ich Antworten auf meine Fragen bekomme, die darauf schließen lassen, dass die Frage vollständig angekommen ist und schon beim ersten Mal (!) auch inhaltlich erfasst wurde. Das ist nicht viel, aber es macht mich glücklich. Man wird demütig ...

In der Schule müssen die Smartphones in der Tasche bleiben, bei den Hausaufgaben kommen sie in den Wäscheschrank, aber danach und dazwischen gibt es kein Halten mehr. Das Smartphone meiner Tochter ist, mit dem Wort von Erziehungspapst Jesper Juul, zu einem weiteren »Familienmitglied« geworden. Anatomisch gesprochen handelt es sich um einen Appendix, der mit der Handinnenfläche verwachsen ist. Meine Tochter nimmt ihr iPhone überallhin mit – auf den Balkon, ins Bad oder aufs Klo. Es ist dabei wenn sie Brote schmiert, Fernsehen guckt, den Müll wegbringt, ihr Fahrrad aufschließt, Haare kämmt oder Nägel schneidet. Wenn es nicht gerade vor ihrer Nase schwebt, dann streichelt sie das Handy, als handele es sich um die Hand eines geliebten Menschen.

Ich gebe zu, dass ich meine Tochter für die motorische Koordination bewundere, mit der sie, das Handy auf Augenhöhe, durch die Wohnung und an mir vorbeieilt. Ohne hinzusehen umkurvt sie geschickt offene Spülmaschinentüren und steigt grazil über Wäschehaufen. Es fällt allerdings auf, dass sie ihr Handy immer dann extrem nah vor das Gesicht manövriert, wenn ich eine Frage habe zu den Themen Schule, Geld, oder Dinge, die aus meinem Schuhschrank bzw. Schminkkästchen verschwunden sind. Das Gespräch nimmt eine aus ihrer Sicht unangenehme Wendung, und schon begibt sie sich in die Welt hinter dem Display. Mama muss draußen bleiben. Die Antworten auf meine Fragen schrumpfen zu monotonen Lautreihen: »Hmh«, »Mhmhm«, »Hmhm«.

Ein wenig Trost finde ich in der Tatsache, dass dieses Benehmen inzwischen auch soziologisch erfasst und analysiert wird, es gibt sogar einen Fachbegriff dafür: »Phubbing«. Wer seine Liebsten, oder am besten gleich alle Menschen um sich herum, mithilfe des Handys auf Abstand bringt, ist ein Phubber. »Phubbing« ist eine Wortschöpfung aus den Begriffen *phone,* Telefon, und »snubbing«, von *snub,* was so viel bedeutet wie »schroffe Abweisung«.

Ich bin also nicht allein mit meiner Kränkung, und offenbar auch nicht »übertrieben sensibel«, wie meine Tochter behauptet. Wie Forscher der Universität Kent herausgefunden haben, ist asoziales Telefonverhalten zur weithin akzeptierten Norm geworden. Wer sich ausgeschlossen fühlt, gilt als Mimose – in Jugendsprech übersetzt –, als uncool, oder schlicht: Opfer.

Wir mittelalten Opfer sind durch die digitale Revolution derart eingeschüchtert, dass wir uns nicht mehr trauen, Entwicklungen infrage zu stellen, die wir auch ohne Programmierkenntnisse sehr wohl beurteilen können. Wenn unsere eigenen Kinder uns phubben oder wegen unserer Snapchatignoranz mobben, hat das vor allem einen Grund: Wir lassen es uns gefallen!

Doch was bleibt uns anderes übrig? Zum ersten Mal ist eine Elterngeneration schon lange vor dem ersten Demenzschub bei der Bewältigung des Alltags auf ihre Kinder angewiesen. Oder wer hat bei Ihnen zu Hause den internetfähigen Fernseher programmiert? Was wiederum nicht bedeutet, dass diese Kinder bei ihrem Auszug kochen oder die Waschmaschine bedienen können – die niederen Arbeiten bleiben weiterhin den Eltern vorbehalten. Denn bei den diversen Service- und Wartungsarbeiten, die meine Tochter im digitalisierten Bereich des Haushalts erbringt, müsse man aus ihrer Sicht ohnehin bereits von »Kinderarbeit« sprechen. Da könnten wir ja nicht noch »allen Ernstes« zusätzliche Hausarbeit einfordern.

Unsere Abhängigkeit verträgt sich schlecht mit elterlicher Autorität.

Zumal wir sie ja insgeheim bewundern, unsere Kleinen, für ihre geballte Social-Media-Kompetenz, ohne die man heute nicht einmal mehr den geistlosesten Sachbearbeiterjob bekommt. Ab 40 gelten wir auf dem Arbeitsmarkt sowieso als abgehängt, egal wie viele »Webinare« wir hinter uns haben. Vielleicht fehlt es uns an Hingabe. Oder unser Hirn ist qua Herstellungsalter einfach nicht ausgelegt auf die neuen Herausforderungen.

Es ist eindrucksvoll, was ein heranreifendes Denkorgan leisten kann, das ansonsten täglich an der Bedeutung des Satzes »Kannst du bitte in der Küche wieder aufräumen?« scheitert. Sechs bis zwölf Stunden später, die Mortadella hat sich an den Seiten aufgerollt und die Butter ist flüssig: »Ooooooh, sorry, hattest du mir das gesagt …?«

Einmal habe ich mich vor die spaltbreit geöffnete Tür des Kinderzimmers geschlichen, weil ich wissen wollte, wer zu Besuch war. Meine Tochter sprach offenbar mit drei Altersgenossen – über drei verschiedene Themen?

1) »Also, Smaragdgrün finde ich bis jetzt am spannendsten aus der Reihe, da wird endlich das Geheimnis der Loge gelüftet …«

2) »Thaiboxen ist viiiiel anstrengender als das normale Boxen. Der Trainer lässt uns vorher immer fünfzehn Liegestütze machen, fünfzehn!!!«

3) »Ey, Frau Diedrichsen ist so was von ausgerastet. Dabei habe ich einfach nur auf den Spruch reagiert, mehr nicht. Und jetzt kriege ich einen Eintrag, das ist so unfair!«

Wie sich herausstellte, war sie allein. Die verschiedenen Gespräche, zwischen denen sie im 15-Sekunden-Takt hin- und herwechselte, waren drei parallele WhatsApp-Chats, die sie synchron mit Sprachnachrichten versorgte: eine Freundin aus ihrem Lesekreis, eine andere vom Boxtraining und eine Schulkameradin. Die drei ahnten nichts davon, dass sie wiederum zur selben Zeit mit ein und derselben Person plauderten. Als ich meinen Kopf zur Tür reinsteckte, um so etwas zu sagen wie »Das ist doch total durchgeknallt!«, wurde mir mit einer eindeutig abwehrenden Geste des handyfreien Arms bedeutet, dass dies nun wirklich nicht der richtige Zeitpunkt für analoge Gespräche sei. Schon gar nicht mit der eigenen Mutter.

»Das ist die Evolution der Spezies«, zitierte mein Mann aus einem Buch, als ich ihm von dem Dreifachchat erzählte. In meinen Augen führte das Ganze eher in eine evolutionäre Sackgasse als auf die nächste Stufe der menschlichen Entwicklung … Aber bevor ich ihm antworten konnte, klingelte sein Smartphone und er hob den handyfreien Arm in einer eindeutig abwehrenden Geste.

In diesem Moment wurde mir klar, wer all die Smartphone-Zombies, auch »Swombies« genannt, gezüchtet hat, vor denen die Polizei in Pressemitteilungen warnt, weil sie beim Ein- und Aussteigen aus der Bahn oder beim Überqueren einer Straße reihenweise Unfälle verursachen.

WIR.

Sind.

Schuld.

Die einstmals analogen Babyboomer, die seit Beginn der Neunzigerjahre nie wieder ohne einen schwarzen Knochen – dem jeweils neuesten Modell von Motorola oder Nokia – aus dem Haus gegangen sind. Wir waren so stolz auf unsere neue

Unabhängigkeit vom Kabel, dass wir unsere gesamte Außenwelt mit unseren Privatgesprächen beschallen mussten. Wir fühlten uns urban und kosmopolitisch, auch wenn wir nur Oma in Wanne-Eickel am Ohr hatten.

Ein Nokia oder Samsung war später auch im Kreißsaal dabei, als wir unsere ersten Kinder bekamen, ab 2007 wurden die Kleinen nach dem Schlüpfen mit dem ersten iPhone abgelichtet, später auch gefilmt. Kinderwagen wurden fortan nur noch mit einer Hand geschoben, weil die andere das Handy am Ohr hielt. Auf Spielplätzen stieg die Zahl der Schaufelprügeleien und Klettergerüstunfälle am Wochenende drastisch an, weil die Väter mit ihrem Smartphone im Anschlag am Spielplatzzaun entlang ihre Bahnen zogen, statt den Nachwuchs im Auge zu behalten.

Unsere kleinen Swombies sind nichts anderes als das Spiegelbild und Produkt ihrer Smartphone-Junkie-Eltern. Und wieder greift Karl Valentins schlauer Satz: »Man muss die Kinder nicht erziehen, sie machen einem sowieso alles nach.«

Meine Kinder konnten kein besseres Vorbild haben als meinen Mann, dessen Blackberry zu Beginn dieses Jahrtausends zu unserem dritten Kind wurde – ein kleiner lackschwarzer Tyrann, der ständig schrie und bettelte, bis es kein Frühstück, kein Abendessen mehr gab, das nicht unterbrochen wurde.

In den USA wurde das Blackberry damals »crackberry« getauft, weil viele Benutzer physische Entzugserscheinungen entwickelten, wenn das Gerät nicht in ihrer Nähe war – von nervöser Unruhe über Angstzustände bis zu plötzlichen Schweißausbrüchen. Bei meinem Mann fing es damit an, dass er mitten in der Nacht oder morgens vor dem Aufwachen den Arm seitlich aus dem Bett streckte, um nach seinem Gerät zu tasten und es kurz zu tätscheln, bevor er sich beruhigt umdrehte, um noch mal einzunicken. Sein Blackberry lag nie weiter als einen halben Meter von ihm entfernt, egal, ob er sich im Bad, in der Küche oder auf dem Balkon aufhielt. Jede Tätigkeit wurde unterbrochen, sobald das Ding blinkend erbebte. Zu groß war die Angst, etwas Neues, Wichtiges, Weltbewegendes zu verpassen.

Am Anfang des Jahrhunderts, noch vor Erfindung des ersten iPhones, überwog die Faszination an der neuen Erreichbarkeit: Niemand musste mehr lange im Büro sitzen, um mit einem Kunden zu sprechen. Aber der Nachteil war, dass man mit dem Handy das Büro mit nach Hause schleppte.

Mit dem ersten iPhone-Boom habe ich gleichgezogen und die Kinder hatten zwei Süchtige als Erziehungsberechtigte. Eine der beiden fing auch noch an zu twittern, was den digitalen Zeitaufwand endgültig implodieren ließ: Bis das Mailpostfach abgearbeitet ist, warten schon 100 neue Tweets. Als freie Journalistin musste ich auf allen Social-Media-Kanälen präsent sein. In meiner Branche ein beliebtes Alibi, um sich ständig Aufmerksamkeitshäppchen abzuholen.

Als frühe Smartphone-Junkies waren wir naiv genug zu glauben, dass sich Zeit weiter und weiter verdichten lässt – alles eine Frage der Organisation. Beim Schmieren der Schulbrote waren die Stöpsel der Freisprechanlage schon im Ohr und beim Nachhausekommen steckten sie immer noch drin. Wir waren die ersten Sklaven des digitalen Kapitalismus, die Ersten, die ihren virtuellen Arbeitsplatz voller Stolz zu Hause ausbreiteten – statt diesen entgrenzten Joballtag als das zu betrachten, was er war: eine Zumutung.

Ein iPad oder ein Laptop war immer in Reichweite. Die

Fragen der Kinder wurden meist mit halbem Hirn beantwortet. Die Kleinen hatten gar keine andere Wahl, als eine unbändige Neugier auf dieses elektronische Leuchten zu entwickeln, denn wenn der Papa sich nicht mal dazu hinreißen ließ, vom Bildschirm aufzuschauen, dann mussten es ja wirklich faszinierende Dinge sein, die sich in diesem Kasten abspielten.

Wenn der Philosoph Christoph Türcke recht hat, dann sind es die Erwachsenen, die eine ADHS-Epidemie in der folgenden Generation losgetreten haben. Die vielen Zappelphilipps, die sich Aufmerksamkeit holen, indem sie Unterricht und Elternalltag auf den Kopf stellen, sind »nur der extreme Ausdruck einer Erregung, die uns alle erfasst hat«. Die Mailflut, die Schlagzeilen, die Posts und Tweets, die wir jederzeit in unser Gesichtsfeld einladen, wenn wir das Smartphone neben den Rechner legen, die dauernde Erreichbarkeit – all das zwingt uns »zu einer neuen Form der Wahrnehmung, zu einem Bewusstsein, das nur noch über ein hohes Erregungsniveau erreichbar ist«. So stehen wir ständig unter erwartungsvoller Anspannung und sobald die Erregung nachlässt, wird nach dem nächsten Leuchtelämpchen gefahndet. Eine frische Mail, ein Retweet oder eine WhatsApp-Nachricht? Irgendwas über Facebook-Messenger? Aber vielleicht ein neuer Kontakt über Xing, Linked-in, und wenn das alles nicht reicht, kommen zwei oder drei Partnervermittlungen dazu, die über den Tag verteilt Matches schicken. Wer es nicht schafft, dieses breit gefächerte Belohnungssystem zu übertönen, der muss damit leben, dass das Gegenüber mitten im Satz sein Smartphone hochreißt und in den verborgenen Bildschirm lächelt. Statt in unser Gesicht. (Oder das seines Kindes.) Womöglich fällt vielen von uns gar nicht mehr auf, wie wir uns aufführen. Es sei denn, wir sind selbst diejenigen, die gephubbt werden. Die emotionale Wirkung beim Gegenüber entspricht jedenfalls einem »Sich-einfach-umdrehen-und-Gehen«. Womit Kinder bekanntermaßen eher schwer umgehen können.

Noch während ich diesen Absatz schreibe, fällt mir auf, dass mein Blick zum wiederholten Mal vom Display meines Smartphones magisch angezogen wird. Es kostet mich einen kleinen bewussten Willensakt, nicht genauer hinzuschauen. Ich könnte ja etwas verpassen. Diese Angst ist inzwischen ebenfalls mit einer Wortschöpfung geadelt worden: »Fomo«, vom englischen »fear of missing out«.

»Vor rund zehn Jahren empfand die Mehrheit der Erwachsenen die Benutzung von Mobiltelefonen während privaten Besuchen, Treffen und Essen als störend«, stellt Jesper Juul fest. Und nach all den Jahren mit seinen Büchern kapiere ich endlich, dass der Mann eine ganz andere Mission hat, als Erwachsenen beim Erziehen zu helfen. Eigentlich versucht er, aus uns Eltern erwachsene Menschen zu machen: »Es braucht emotionale und intellektuelle Intimität, gemeinsame Zeit mit den Kindern. Ohne Smartphones. Familieninseln sozusagen«, schreibt er.

Während Juul von smartphonefreien Inseln träumt, ist die Deutsche Bahn schon einen Schritt weiter. In deutschen Fernzügen gibt es handyfreie Zonen. Hier trifft man als routinierte Bahnfahrerin auf das andere Extrem. Es gibt kaum einen Bereich im öffentlichen Raum, in dem sich mehr Middleager tummeln als in den Ruheabteilen der Deutschen Bahn. Weil sich dort das Bedürfnis unserer Generation nach wohlverdienter Stille und Entspannung durchgesetzt hat. Zumindest symbolisch. Tatsächlich ist das Ganze natürlich eine Mogelpackung, weil Mailverkehr und Facebook ja keine Geräusche verursachen. Ich sehe hier jedenfalls nicht mehr Bücher als in anderen Abteilen …

Fest steht: Niemand darf telefonieren oder einen Anruf empfangen – ohne zu riskieren, vom Mob gelyncht zu werden. Was zur Folge hat, dass sich in diesen Abteilen zwar das Bedürfnis nach Stille durchgesetzt hat, aber nicht die Stille selbst. In Wirklichkeit nämlich herrscht eine enorme Anspannung, weil alle auf den Moment warten, in dem irgendein armes Schaf, dem nicht bewusst ist, dass es in einer Ruhezone sitzt, anfängt zu telefonieren.

Wie oft habe ich neben einem dieser Ruhebedürftigen gesessen, die einfach keine Ruhe geben, während sie mit der Zeitung rascheln, ohne einen Artikel zu Ende zu lesen, und ihre Umgebung unter rückenschädigenden Drehungen des Oberkörpers über den Rand der Lesebrille hinweg beäugen. Und plötzlich klingelt es. In einer Doppelsekunde ist es vorbei mit der verheißenen Ruhe. Und schon schnellt der eben noch sprungbereite Ruhewächter neben mir aus seinem Sitz, bremst direkt neben dem Ohr des Delinquenten ab und zischelt ihm mit angriffslustiger Höflichkeit ins Ohr, ob er, »wenn das Telefonat *doch so dringend* ist«, nicht lieber die Zone wechseln möchte.

Ich meide diese Abteile inzwischen, da ich befürchte, sonst irgendwann unfreiwilliger Zeuge einer Prügelei zu werden. So etwas wie innere Ruhe lässt sich sowieso nur von innen herstellen.

Mit »Sunrise Surfer Morning Yoga« zum Beispiel. Meine Tochter hat mir die ersten fünf Sessions aufs Smartphone geladen. Ich steige aus dem Bett, stelle das Smartphone in Augenhöhe auf den Nachttisch und mache meine Übungen direkt auf der Fußmatte daneben. Damit ich nach dem ersten Lesen der elektronischen Morgenpost erst mal wieder runterkomme.

Eigenverantwortlich krank werden

Mein Herz (III)

Wenn meine Tochter zu spät zur Schule kommt, weil im ganzen Haus kein Pullover zu finden war, den sie hätte anziehen können, da sich in ihrem Zimmer Klamottenberge türmen und ihr nun mal wirklich die Zeit fehlt, die dreckigen Sachen auszusortieren, denn dann müsste sie ja vollkommen ungeschminkt aus dem Haus gehen und hätte auch keine Zeit mehr, um ihr Naturkundereferat zusammenzutackern, das sie am Vortag nicht bearbeiten konnte, weil sie da unbedingt einer Freundin mit Liebeskummer helfen musste, wofür eine Mutter naturgemäß kein Verständnis hat, alldieweil diese verheiratet ist und deshalb keine Ahnung hat von Liebesdingen ... also kurzum: Am Ende bin ich schuld. Das ist nebenbei meistens leichter auszuhalten als das ständige Scheitern von Erziehungsbemühungen – am Ende bin einfach immer ich schuld. Egal was passiert.

Wenn ich zu Beginn eines mehrwöchigen Urlaubs in New York einen Herzkrampf erleide und in die Notaufnahme muss, da ich bis kurz vor Abflug arbeite und mir seit Jahren nie genug Zeit für Sport, gesunde Ernährung oder Yoga nehme, weil

ich mit Job und zwei Kindern die falschen Prioritäten setze …
kurzum: Auch in diesem Fall ist am Ende einer schuld: ich.

Tja, falls diese Entwicklung an Ihnen vorbeigegangen ist
oder Sie es bis jetzt vermeiden konnten, persönliche Schuld
auf sich zu laden und dafür in Form einer ernsthaften Erkran-
kung bestraft zu werden: Das Schicksal ist schon lange kein
mieser Verräter mehr, auch kein unvorhersehbares Ereignis,
das unser Leben entscheidend beeinflusst, das Schicksal ist
einfach nur *Fake News*. Denn eigentlich sind wir selbst an allem schuld. Und nicht der Klimawandel, unsere schlechten
Gene, Umweltgifte, das Universum oder der liebe Gott.

Nehmen wir das Wetter. Eine plötzliche Regenfront durch-
kreuzt Ihre Pläne für eine Radtour? Soso. Jetzt mal ganz ehrlich: Hatten Sie nicht eigentlich Sehnsucht nach einem Nachmittag auf dem Sofa mit Popcorn und Netflix? Wirklich
nicht? Hat dieser unbewusste Wunsch in vereinter Kraft mit
den inneren Schweinehunden vieler anderer Menschen in
derselben Situation vielleicht die Regenfront in Richtung Ihres Wohnortes abbiegen lassen? Denn Gedanken sind ja am
Ende auch nichts anderes als elektrische und chemische Im-
pulse, deren Reichweite unter Umständen viel größer ist als
unser Kopfumfang, hm? Vielleicht gar bis an die Wolken-
grenze?

Auch die typischen Haushaltsunfälle sind vor diesem Hintergrund ganz neu zu betrachten. Sie sind auf dem Weg zum
Müllkeller auf der Treppe gestürzt und haben sich das Hand-
gelenk gebrochen? Und nun können Sie für mindestens sechs
Wochen weder spülen noch Wäsche zusammenlegen oder
kochen? Vielleicht hatten Sie vor diesem Unfall schon sehr
lange den Verdacht, einen unverhältnismäßig großen Teil der

Hausarbeit erledigen zu müssen, weil andere Familienmitglieder den Müll, den Abwasch oder die Wäsche einfach liegen lassen? Sodass Sie gar nicht anders können, als »darüber zu stolpern«?

Seien Sie froh und dankbar, dass so ein Gips noch von der Krankenkasse bezahlt wird. Risikosportarten wie Paragliding oder Basejumping werden ja auch von keiner Versicherung abgedeckt, und wieso sollte die Solidargemeinschaft dafür geradestehen, dass Sie Ihr Unbewusstes nicht im Griff haben?

Sie leiden wie ich an unerklärlichen Nackenschmerzen, die immer wieder auftauchen? Wahlweise auch Rücken-, Bauch- oder Kopfschmerzen? Meine Therapeutin hat mir beigebracht, semantisch zu denken, weil das Hinweise gibt auf die eigentliche Ursache hinter verkrampften Muskeln oder schiefen Wirbeln. Und tatsächlich tauchen die Schmerzen immer dann auf, wenn mir »etwas im Nacken sitzt« oder ich einen »Nackenschlag« einstecken musste – also ein unerwarteter verbaler Angriff oder ein Vorwurf aus heiterem Himmel. Wenn ich die Attacke identifizieren und eine Grenze ziehen konnte, lockert sich meistens auch der Nacken. So weit, so hilfreich.

Bei chronischen Schmerzen wird es etwas komplizierter. Das neueste spirituelle Erklärvideo zum Thema auf der Spiegel-Hitliste heißt »e-motion« und enthält die Behauptung, dass es sich bei 90 Prozent aller Schmerzen um festgehaltene Emotionen handele. Okay. Wäre es nicht möglich, dass wir diese Gefühle aus gutem Grund zwischen irgendwelche Muskelfasern klemmen? Weil wir mit dem Erleben gewisser Emotionen schlichtweg überfordert wären? Rückenschmerzen versus Heulkrampf?

Als Klientin einer Gestalttherapeutin bin ich meinem Unbewussten gegenüber selbstverständlich aufgeschlossen, und nach vielen Sitzungen darf ich stolz behaupten, dass ich die meisten meiner Leichen aus dem Keller ins Erdgeschoss geholt habe. Ein schöner Anblick ist das allerdings nicht. Und leider bleiben sie dort liegen. Zumindest weiß man, mit welchen Geistern man es zu tun hat, wenn irgendwelche Gefühle den Nacken hochkriechen.

Aber wenn die Experten in »e-motion« recht haben, dann gibt es keine Alternative zur großen Aufräumaktion im Keller des Unbewussten, ganz egal, was für ein Müll hochkommt, den man gern auch weiterhin vergessen hätte. Denn die »verkapselten Gefühle« verwandeln sich unter Umständen in Krebs, erklärt ein Neurowissenschaftler. Damit wäre dann auch geklärt, bei wem die Verantwortung für bösartige Tumore liegt …

Im Umkehrschluss würde das bedeuten: Immer raus mit den Gefühlen, das ist die beste Prävention gegen Krebs. Die größte Geißel der Menschheit wäre damit also besiegt? Ganz schön waghalsig, aber in Psychofragen neigen wir Mittelalten gern zur Selbstüberschätzung. Oder machen gleich eine ganze Ideologie draus. Keine politische, obwohl es viele Überschneidungen zur FDP gibt, aber eine Denkweise, die sich unter dem dehnbaren Begriff der Selbstoptimierung verkaufen lässt: *radikale Eigenverantwortung.* Sie kümmern sich selbst darum, gesund und arbeitsfähig zu bleiben, dann ist für alle gesorgt. Nach demselben Prinzip haben wir Mittelalten schon die Sozialsysteme umgebaut, die Rente mehr oder weniger auf private Vorsorge umgestellt, und das Gesundheitssystem wird konsequenterweise folgen. Man kann nicht einerseits an Psychosomatik glauben (also an die Verflechtung von Psyche und Körper) und andererseits hoffen, man könnte sich bei den eigenen Krankheiten und Unfällen aus der Verantwortung stehlen! Das gilt naturgemäß auch für eine ausbleibende Heilung.

Nach meinem Zwischenstopp in der New Yorker Notaufnahme trage ich selbstverständlich die Verantwortung für den Zustand meines Herzens, schließlich bin ich nun gewarnt. Ob sich meine Herzkranzgefäße verengen oder krampfen, hängt nicht nur von meinem Stresslevel, sondern auch von Ernährung, Bewegung und Gewohnheiten ab. Demnach habe ich seit dem Vorfall alles richtig gemacht. Und das ist im Moment mein größtes Problem.

Ich mache mindestens viermal in der Woche Sport und übe mich in transzendentaler Meditation. Meine Arbeitsstunden und Aufträge habe ich radikal zusammengestrichen und die Zigaretten auf maximal eine pro Woche reduziert. Statt Wein gibt es an den meisten Abenden Tee und ich esse nicht nur überwiegend »mediterran« – ich verbrauche inzwischen mehr Grünzeug und Obst als ein ganzer Streichelzoo.

Trotzdem hat es mich nun innerhalb von zehn Monaten zum zweiten Mal erwischt. Wohlgemerkt, nach einem Kochkurs für veganes vietnamesisches Essen. Als ich am nächsten Morgen auf der Intensivstation aufwachte, galt mein erster Gedanke dem Moment, bevor die Schmerzen kamen. Rückblickend konnte ich feststellen, dass die Gespräche mit einigen Veganern etwas anstrengend verliefen, weil »Veganismus ja eigentlich eine ethische und politische Grundhaltung« sei. Puh. Neben den Rezepten war bei diesem Kochkurs auch ein schlechtes Gewissen im Preis inbegriffen. Zu Hause hatte ich deshalb das große Verlangen nach etwas Entspannung und einem Feierabend-Gedeck: ein Glas Rotwein und eine Bio-Zigarette – die ich ganz schnell fallen lassen musste.

An dieser Stelle möchte ich das deutsche Gesundheitssystem auch einmal loben. Rund vier Minuten nachdem mein Mann mich gesehen und die 112 gewählt hat, standen ein Notarzt und drei Sanitäter im Raum.

Emergency Room – Deutschland

Mein Herz (IV)

Sogar halb verdaut, in einer nierenförmigen Pappschale, sieht vietnamesisches Essen deutlich anders aus als ein Wiener Schnitzel. Dem kundigen Pfleger auf der Intensivstation fällt das gleich auf, als er meine erste Portion in den Müll wirft: »Das war aber etwas Exotisches! Mungobohnen, stimmt's?« Und während ich Mund und Kinn mit meinem Krankenhaushemdchen abwische, will die Kollegin wissen: »Welches Restaurant denn?«

Ob in New York oder Hamburg: Das Personal in der Notaufnahme ist der Knaller. Sollte die Welt doch noch irgendwann untergehen, könnten diese Leute die psychologische Betreuung übernehmen. Sterben ist schlimm genug, irgendjemand sollte dabei für gute Laune sorgen.

Für die Frage nach dem Restaurant musste ich mir noch zwei weitere volle Schalen Zeit nehmen. Im Laufe des Kochkurses drei Stunden zuvor hatten wir immerhin vier Gänge gekocht … Die Schmerzen in der Brust ließen endlich nach, deshalb erschien mir die lästige Nebenwirkung des Morphins als ein guter Tausch. Und das lustige Geplänkel mit den Pflegern als willkommene Ablenkung. Veganer sterben übrigens nicht, sie beißen ins Gras …

Mit LaLüLaLa in eine Notaufnahme eingeliefert zu werden ist das Gegenteil von Eigenverantwortung. Es ist die radikale Überantwortung von Körper und Psyche an ein hocheffizientes System, das alle, die darin arbeiten, zu höheren Wesen macht. Zumindest in den Augen des zu Rettenden, und so lange, bis die unmittelbare Gefahr gedämpft ist. Gut möglich, dass meine Wahrnehmung in dieser ersten Stunde durch den leichten Sauerstoffmangel etwas eingetrübt war, oder durch die eine oder andere Spritze zwischendurch, trotzdem:

Genau so stelle ich mir eine Entführung durch Aliens vor. Nette Aliens. Die mich ganz bewusst ausgewählt haben, um etwas über die Natur des Menschen zu erfahren. Zwei von ihnen unterhalten sich direkt über meinen Kopf hinweg, ohne dass ich irgendetwas verstehe, aber ihre Stimmen beruhigen mich trotzdem. Denn ich weiß, dass so etwas wie verengte Herzkranzgefäße für diese höher entwickelte Spezies Pillepalle ist. Ein menschliches Handicap, das sie mitfühlend registrieren und mit einem Augenaufschlag ihrer telepathischen Fähigkeiten ratzfatz korrigieren. Ich entspanne mich und lächle in den Raum.

Niemand lächelt zurück, jeder ist irgendwie beschäftigt. Wenn mich jemand anschaut, dann wohl nur, um kurz zu erfassen, ob ich noch bei Bewusstsein bin. Der Tonfall der eiligen Gespräche ist ruhig und sachlich, die Lautstärke gedämpft, die Sätze surren quer durch den Raum, immer knapp an mir vorbei. Ich genieße es, zuschauen zu dürfen, ohne angesprochen zu werden. Weshalb ich mich fast erschrecke, als ein Pfleger aus nächster Nähe zu mir spricht, um einige Dezibel lauter und in dem typischen Krankenschwester-Wir: »So, die Schmerzen sind wir schon mal los. Nun kommt der Herzmuskeldoktor und macht ein schönes Bild vom Herzen dadrin, ja?« Mit Herzmuskeldoktor muss er Kardiologe meinen. Ich frage lieber nicht, sonst ändert er vielleicht den Tonfall, und in diesem Moment finde ich es extrem angenehm, wieder fünf Jahre alt zu sein.

Am nächsten Morgen bin ich schlagartig erwachsen. Unter anderem, weil ich nun schon zum zweiten Mal in gerade einmal 50 Jahren auf einen Herzkatheter warte, um zu erfahren, warum mein wichtigstes Organ mich im Stich gelassen hat. Ich bin in einem kleinen Einzelzimmer gelandet, mit einem riesigen Panoramafenster. Die Krankenschwester huscht rein und gleich wieder raus und hinterlässt einen halb vollen Plastikschnapsbecher voller bunter Pillen auf dem Nachttisch. Ich halte die Augen fest verschlossen und gebe vor, noch zu schlafen. Auf meinem Smartphone laufen besorgte Nachfragen auf. Eine Freundin sagt, ich solle mit meinem Herzen reden und fragen, was es braucht, ganz vorsichtig anklopfen sozusagen. Nach dem Schreck bin ich aber durchaus nicht in der Stimmung für eine achtsame Annäherung, mir ist eher nach einer Schimpftirade: »*Hey! Was soll das? Ich kann so nicht arbeiten. Geschweige denn entspannt leben. Ich kann mich auf nichts anderes konzentrieren, wenn du alle paar Monate Alarm schlägst. Habe ich nicht alles getan, damit es dir besser geht? Also – was, verdammt noch mal, ist jetzt wieder los??*«

Keine Antwort. Stattdessen flaches, verstocktes, aber regelmäßiges Schlagen. Was schlichtweg daran liegen könnte, dass mein Herz zugedröhnt ist und die Überreste von Morphin und Valium in der Blutbahn genießt. Oder aber es macht einen auf betont gelangweilt. So wie meine Tochter, wenn ich ausflippe, weil sie heimlich meine Sneaker trägt.

Als CEO aller Organe ist das Herz wohl immun gegen Standpauken, hat es gar nicht nötig, sich so etwas anzuhören. Ein wenig Imponiergehabe und ich bin ganz klein mit Hut – einmal stottern oder husten, schon zeigt das EKG Herzrhythmusstörungen. Und wie Narzissten so sind, ist mein Herz gleichzeitig auch noch extrem sensibel, vergisst keine einzige Kränkung, selbst wenn die Sache verjährt ist und man sich selbst gar nicht mehr daran erinnert.

Das sagt jedenfalls meine Therapeutin, die zwar erschrocken ist, es aber trotzdem schafft, mich zu beruhigen: »Die Ärzte kümmern sich um deine Leitungen, wir schauen uns die Kränkungen an. Später. Du hast jetzt nur eine Aufgabe: ausruhen. Schau aus dem Fenster und denk an nichts.«

Na gut.

Direkt vor dem Fenster schwanken ein paar Baumwipfel im Wind. Darüber schwebt ein gelb-roter Hubschrauber, der schnell näher kommt und mit einem gekonnten Schwenk in der Mitte zwischen den Bäumen auf einem neongelben Kreuz landet. Am Rand warten schon zwei leuchtend weiße Notärzte mit einer Rollbahre. Wow. Das ist besser als Emergency Room. Helikoptertüren gleiten zur Seite, rot uniformierte, sportliche Menschen springen heraus und ducken sich unter den Rotorblättern. Sekunden später wird ein schmales und langes Paket Mensch mit einer Sauerstoffmaske über dem Gesicht Richtung Notaufnahme gerollt. Sanitäter und Ärzte begleiten die Trage im Laufschritt. Wie Gladiatoren, die in Formation in eine Arena einlaufen. Wenn der reglose Patient auf der Trage wüsste, was für eine perfekte Choreografie und welch anmutige Routine sich ihm zu Ehren abspielt. Das allein müsste jedes aussetzende Herz besänftigen.

Das Klinikpersonal spricht bei einem Infarkt von einem *Ereignis:* »Heute dürfen Sie noch nicht nach draußen, das *Ereignis* war erst gestern«, oder »Zwei Wochen nach dem *Ereignis* sollten Sie keinen Sport machen«. Als handele es sich um etwas Astronomisches, einen Kometen, der gefährlich nah an unserem Planeten vorbeigeschossen ist und einen eleganten Schweif am Nachthimmel hinterlassen hat. Auf jeden Fall etwas Schönes, Aufregendes und zugleich Mysteriöses.

Mit Astronomie würden die Ärzte mein *Ereignis* aber kaum in Verbindung bringen wollen, allein schon, weil Kardiologen an einem Krankenhaus ungern im Trüben fischen. Als Erstes stellt der Oberarzt fest, dass er mich viel jünger schätzen würde und ich auf dieser Station eigentlich nichts zu suchen hätte. Wie gehabt. Die gleichen einführenden Sätze wie in New York.

Als 50-jähriges Küken auf der Herzstation wird mir deshalb erst mal etwas Schickes unterstellt, das ebenfalls Herzprobleme auslöst: »Kokain?«

»Nein, aber ich hätte gern noch was von dem Morphin von gestern.«

O.k., den Spruch hat das Fachpersonal wahrscheinlich nicht zum ersten Mal gehört.

Galgenhumor ist eigentlich nichts anderes als der vergebliche Versuch, sich ein kleines Stück Würde zurückzuholen. Ich sitze in einem nach hinten offenen Krankenhaushemdchen, das kaum die Saugnippel des angeschlossenen Monitors verbergen kann, und versuche, auch ohne Kontaktlinsen wach und intelligent auszusehen. Tatsächlich kann ich den Gesichtsausdruck der drei Ärzte kaum erkennen. Zwei unglaublich junge Frauen sind dabei. Die mir natürlich nur so jung vorkommen, erstens, weil die beiden – theoretisch! – meine Töchter sein könnten, zweitens, weil ich mich in diesem Zustand fühle wie 90. Und weil wir hier gerade verkehrte Welt spielen: Zwei junge Frauen in dem Alter, in dem ich tatsächlich einmal Kokain ausprobiert habe (ein Mal!), fragen mich mit meinen 50 Jahren, ob ich auf Drogen bin.

Bin ich nicht. Aber nach der Erfahrung der letzten Nacht könnte ich mir eine Opiatsucht durchaus vorstellen. Allein schon, um die Panik vor der nächsten Herzkapriole ein wenig zu dämpfen. Zweimal in weniger als einem Jahr habe ich das jetzt hinter mir, wer garantiert mir, dass es nicht noch einmal passiert?

Im OP ist wieder eine blutjunge und sehr souveräne Ärztin, die mir jeden Schritt erklärt, während ich unter örtlicher Betäubung zuschaue, wie sie über meine Leiste einen langen Kunststoffschlauch bis zu meinem Herzkranzgefäßen schiebt. »Ihre Gefäße sind so ... kringelig. Wie die Locken auf ihrem Kopf.« Während ich mit dem Inhalt einer sogenannten »Scheißegalspritze« im Blut schmunzelnd darüber nachdenke, ob Kardiologen a) einen Sinn für die Ästhetik von Gefäßen haben, b) Komplimente zur Gefäßform machen wie andere Leute über eine Frisur und c) »kringelig« in Bezug auf Adern überhaupt als Kompliment zu verstehen ist, ergänzt sie: »In der Regel ist das ein Anzeichen für hohen Blutdruck.«

Hab ich nicht, hatte ich nie. Zumindest nicht bei den regelmäßigen Gesundheits-Check-ups. Das muss nichts heißen, denn es handelt sich ja jedes Mal nur um eine Momentaufnahme, und in Wartezimmern oder Krankenhäusern bin ich grundsätzlich extrem entspannt. Weil mir dort nichts passieren kann und niemand irgendetwas von mir erwartet.

Im Umkehrschluss könnte das bedeuten, dass ich mich außerhalb eines Krankenhauses vielleicht nicht unsicher, aber zumindest weniger sicher fühle. Daraus folgen die Fragen: Wie lange geht es mir schon so und warum habe ich nie gespürt, dass die ständige Unsicherheit meinen Puls in die Höhe treibt?

Die Kardiologin holt mich lächelnd aus meinem Gedankengeplapper: »Sind Sie noch bei uns?« Sie zeigt auf den Bildschirm neben mir, wo meine Lockengefäße in dutzendfacher Vergrößerung erscheinen. Die dunkelgrauen Verästelungen sehen aus wie das schwarz-weiße Aquarell einer Flusslandschaft. Ich tippe auf einen japanischen Künstler des 18. Jahrhunderts. Ich kann beim besten Willen keinen Zusammenhang zwischen diesen Aufnahmen und dem Geschehen unter meinem Brustbein herstellen.

»*Sind Sie einverstanden?*« Ich sollte mich jetzt wirklich konzentrieren und nicke heftig, als mir die junge Kardiologin, offenbar zum zweiten Mal und mit einer Extraportion Geduld, erklärt, warum und wo sie zwei Stents setzen möchte, um das untere Drittel des vorderen Herzkranzgefäßes wieder auf Normaldurchmesser zu weiten. »*Sie dürfen machen, was Sie wollen*«, denke ich, ohne es auszusprechen, »*und dann hätte ich gern noch ein weiteres Dutzend von diesen kleinen Netzmetallröhren, die Sie einfach gleichmäßig über die anderen Lockenadern verteilen, ja? Ich hab nämlich keine Lust mehr auf plötzliche Todesangst und LaLüLaLa. Oder ich nehme einen Eimer mit von dem Zeug in der Scheißegalspritze, auch gut.*«

Anders als beim ersten Mal gibt es immerhin einen physisch eindeutigen Befund für meinen Infarkt: eine langstreckige, hochgradige Stenose an einem der drei großen Herzkranzgefäße auf der Vorderseite meines Herzens. So weit zur Ursache. Bleibt die Frage nach dem Grund.

Am darauffolgenden Nachmittag begegne ich auf meiner Station ausnahmslos weitaus älteren Herren und ein paar Damen, die, pardon, allesamt weithin sichtbar an Übergewicht, Bluthochdruck oder Nikotinsucht leiden oder es geschafft haben, alle drei Risikofaktoren auf sich zu vereinen. Da ich, abgesehen von der gelegentlichen Feierabendzigarette, nichts davon vorweisen kann, bleibt nur noch eine genetische Vorbelastung. Opa und Onkel mütterlicherseits sind an einem Schlaganfall gestorben. Von der anderen Seite gibt es haufenweise Thrombosen. Aber wie der Oberarzt bei der Visite am nächsten Tag durchblicken lässt, ist eine solche Vorbelastung nur eine von mehreren und keinesfalls eine ausreichende Erklärung. Man muss nicht viel Scharfblick aufbringen, um zu bemerken, dass er mich zwar für einen Pechvogel hält, aber eben auch für einen Psychofall.

Ich gehöre nicht zu den Menschen, die reflexhaft auf Ärzte schimpfen. Ich bin der festen Überzeugung, dass alle Ärzte, egal wie viel Eitelkeit sie vor sich hertragen, unbedingt und tatsächlich einfach nur Menschen helfen wollen. Mit den beiden Stents über meinem Herzen ist das fürs Erste erledigt. So weit zur Mechanik. Mit meiner Nachfrage, ob sich so ein *Ereignis* wiederholen kann, fühlt sich der Oberarzt sichtlich unwohl: »Nicht wenn Sie Ihre Medikamente nehmen … Aber natürlich lässt sich so etwas nie ganz ausschließen.« Diese beiden Sätze habe ich schon einmal gehört, vor zehn Monaten, auf Englisch. Ich baue ihm eine Brücke: »Was ist mit Psychosomatik? Kann so etwas einen Infarkt auslösen?« Hörbares

Einatmen. »Da Sie es selbst ansprechen. Es gibt da eine Praxis ...« Ich unterbreche ihn und erwähne meine Therapeutin. Der nächste tiefe Atemzug wird von einem erleichterten Lächeln begleitet. So kann er mich entlassen: »Ich sag jetzt mal nicht ›Auf Wiedersehen‹ ...« Weg ist er. Wenig später befreit mich die Schwester von allen Saugnippeln und nimmt den Überwachungsmonitor mit.

Der Ball liegt bei mir.

Ich fühle mich allein.

Vielleicht kann man so einen Monitor auf eBay ersteigern? Für den Hausgebrauch ...

Immer auf Sendung

Urlaub von der Welt

Ende der Achtziger habe ich mal für Jim Jarmusch geschwärmt. In Schauspieler kann sich ja jeder verknallen, ich fand Regisseure viel interessanter. Jarmusch war schon damals auf erfrischende Weise vorgealtert. Ein als Teenager ergrauter Mann, der gleichzeitig erwachsen und ewig jugendlich war. Und der »keine Ahnung« hat, was seine Filme bedeuten. Eine Verheißung für alle, die ihre Reifezeit nie beenden möchten. Der Mann ist jetzt 65 und immer noch unverschämt cool. Jarmusch macht Filme über einzigartige Menschen in seltsamen Situationen – oder umgekehrt. Streifen, die irgendwie aus der Zeit gefallen sind. Nur er kann so konzentriert und versunken ein Gesicht oder eine Szene zelebrieren. Er ist ein Buddha aus Ohio.

Damals wollte ich so sein wie er, so unglaublich gelassen, stoisch und reduziert. Hat nie geklappt, im Gegenteil. Im Vergleich zu Jarmusch war ich schon immer ein nervliches Wrack. Um wenigstens ab und zu mal runterzukommen, habe ich in den vergangenen 30 Jahren keines seiner Werke ausgelassen.

Ich sitze also auch mit 50 Jahren in seinem Film über den jungen »Paterson«, einen Busfahrer, der in der gleichnamigen Kleinstadt »Paterson« wohnt, mit einer jungen Frau zusammenlebt, die keinen Job hat und dafür jeden Tag die Wohnung neu gestaltet. Der Kerl wacht jeden Morgen um Punkt sechs Uhr neben seiner Freundin auf, schlendert mit seiner Frühstücksbox zum Busbahnhof, macht seinen Job, geht mit dem Hund Gassi, trinkt jeden Abend in derselben Kneipe ein Bier und unterhält sich mit dem Barkeeper. In den Pausen schreibt Paterson Gedichte. Wenn man davon absieht, dass der Bus irgendwann eine Panne hat und einmal einer der Kneipengäste ausrastet, geschieht in diesem Film nichts. Ach doch – der Hund verspeist das Notizbuch mit seinen handgeschriebenen Gedichten.

Ich war als Zuschauerin selten so genervt von einem Film. Ich habe überlegt, ob ich rausgehen soll, und bin über diesem Gedanken kurz eingenickt. Am nächsten Tag habe ich jedem, der es nicht hören wollte, erzählt, dass Jim Jarmusch nun tatsächlich alt geworden ist. Alt und belanglos.

Am übernächsten Tag fragte ich mich beim Aufwachen, warum mir der Film nicht aus dem Kopf geht, und stellte plötzlich fest, dass in der Handlung weder Smartphones noch Computer vorkommen. Es gibt keine einzige Szene, in der irgendjemand auf einen großen oder kleinen Bildschirm schaut. Paterson und seine Freundin sind vollkommen unproduktiv, selbstgenügsam und haben keine Ziele für die Zukunft. In ihrem Leben und in ihrer Stadt gibt es keine Unruhe, keinen Laufschritt, keine Ablenkung, das ganze Leben spielt sich in immer denselben Straßenzügen ab. Die Menschen in Paterson haben nicht viel zu sagen, aber wenn, dann hören sie einander zu. Niemand hinterfragt sein Leben oder träumt von etwas Besserem. Außer guter oder schlechter Laune gibt es keine weiteren Optionen.

Anders ausgedrückt, und das ist das Irritierende an »Paterson«: Es herrscht ein zufriedener Stillstand.

Also das Gegenteil von dem Leben, das wir alle kennen und ansteuern. Stillstand ist mehr oder weniger gleichbedeutend mit Tod. Oder noch schlimmer: Langeweile. Vor nichts haben wir mehr Angst. Wir leben sogar in ständiger Furcht davor, dass unsere Kinder sich langweilen könnten. Bei dem Versuch, sie vor diesem Zustand zu schützen, stopfen wir ihren Terminplan voll und gleichzeitig unseren eigenen, weil all die Trainings-, Frühförderungs-, Tanz-, Klavier- oder Nachhilfestunden organisiert und die Kinder chauffiert werden müssen.

Seit der gebundene Terminkalender von einem elektronischen abgelöst wurde, hat sich die Organisation des Alltags selbst zu einem kleinen Wettkampf entwickelt. Der durchaus Spaß machen kann, wenn man es sportlich nimmt. Man muss nur schneller sein als der andere. Mein Mann und ich schicken uns gegenseitig Termine über Outlook. Wer zuerst mit einem »Pling« im Kalender des anderen anklopft, kriegt den Zuschlag. Der andere bleibt bei den Kindern oder muss eine Betreuung bzw. Verabredungen organisieren. Im Kalender erscheint zunächst eine Terminanfrage, die man »annehmen«, »ablehnen« oder mit »vielleicht« beantworten kann. Alles andere als »annehmen« führt innerhalb kurzer Zeit zu einem Anruf der Gegenseite, und weil wir beide am Schreibtisch sitzen, wird das Gespräch schnell hektisch und angespannt. Oft legt einer mittendrin beleidigt auf, was dazu führt, dass danach beide im jeweiligen Büro sitzen, vor sich hin grummeln und schlagfertige Argumente ausgrübeln, statt zu arbeiten. Bei Anfragen für private Termine wird manchmal noch per WhatsApp nachgehakt: »Muss das sein? Den hast du doch erst vor vier Wochen getroffen!« Im ungünstigen Fall entspinnt sich auch daraus eine kleine Gerechtigkeitsdiskussion, die unterm Strich mehr Nettozeit kostet, als wenn man von vornherein miteinander telefoniert und die Terminabsprachen handschriftlich in einen Papierkalender eingetragen hätte.

Dass nebenbei auch noch Facebook-, Twitter- und WhatsApp-Accounts bedient werden müssen, unter anderem, um über Klassenarbeiten und Fußballturniere auf dem Laufenden zu sein, verschärft die enge Taktung. Am Ende einer durchschnittlichen Arbeitswoche schiebt jeder eine kleine Bugwelle an unerledigten Jobs oder Aufträgen vor sich her, die auch am Wochenende nicht schrumpft, denn dann müssen wir uns ja möglichst effektiv von dem ganzen Stress erholen und maximal viel *quality time* in die zwei Tage packen. Auf keinen Fall so etwas wie gemeinsames Chillen auf dem Sofa, Döner, Pizza, Cola ... das wäre zu nah an RTL 2. Es muss irgendwie Bewegung rein, ob sportlich oder geistig. Ein Wochenende ohne Laufen, Gartenarbeit, Aufräumen, Radfahren, ein Museum, eine Doku oder Gedächtnisspiele usw. ist ein verschwendetes Wochenende.

Und Ferien ohne einen genau geplanten Urlaub eine Katastrophe. Im November des Urlaubsvorjahres beginnt so langsam die Internetrecherche. Die Suche nach dem Paradies. Ein allein stehendes Häuschen wäre ideal, nicht zu weit vom nächsten Restaurant, von einer Schlossruine und vielen Einkaufsmöglichkeiten, ungefähr 100 Meter bis zu einem einsamen Strand und inmitten unberührter Natur. Ach so – mit eigenem Pool wäre toll, muss aber bezahlbar bleiben. Wenn Siri ein Mensch wäre, würde sie sich vor unseren Suchanfragen verstecken. Eine Zeit lang macht es Spaß, sich im Internet seiner Sehnsucht nach einem ruhigen und besseren Leben hinzugeben, aber irgendwann weicht der Drang nach der einen perfekten Location einer frustrierenden Leere. Es summieren sich die Stunden und Abende, an denen man Dutzende der unendlich vielen kleinen blauen oder roten Fähnchen mit Ferienhausangeboten auf der Google-Map anklickt und ein neues Fenster mit dem nächsten Versprechen öffnet. Der Weg ist das Ziel und in diesem Fall ist die Recherche schon der halbe Urlaub. Zeitlich betrachtet. Am Ende scheitert es an Details wie einer fehlenden Spülmaschine und wir springen zum nächsten Fähnchen. Bis die Landkarte immer leerer wird, uns nach und nach die perfekten und dann die fast perfekten Häuser weggeschnappt werden, weil auch Weihnachten ohne eine Buchung vorbeiging, es inzwischen Frühling geworden ist und wir immer noch nicht das optimale Feriendomizil gefunden haben. Anfang Juni verliere ich meistens die Nerven und buche das nächstbeste Angebot.

Auf diese Weise haben wir den einen oder anderen Urlaub in überteuerten, engen oder dunklen Urlaubshütten verbracht. Egal, Hauptsache zusammen. Auch wenn noch Arbeit mitgenommen werden musste, weil der Urlaub zwar im Kalender steht, am Ende aber doch immer überraschend kommt.

Solange das WLAN funktioniert, muss zumindest keiner zwischendurch nach Hause fliegen. Selbst wenn über die Qualität der Internetverbindung im Katalog gar nichts – oder etwas anderes – zu lesen war: Mein Mann musste hier und da auf den nächsthöheren Hügel oder das nächstgelegene Internetcafé oder auf die Dachterrasse eines spanischen Ferienhauses ausweichen. Den spektakulären Ausblick konnte er leider nicht genießen, sonst hätte er den Moment verpasst, in dem es »Zuschsch« macht und die Mail doch noch das Postfach verlässt. Der Rest der Familie konnte von unten eine langsame Choreografie beobachten. Wie mein Mann das Laptop auf einem Arm balancierte, während er mit dem anderen das Handy ans Ohr hielt, den Kopf schräg gelegt, und in dieser Haltung die Terrasse abschritt. Von Ecke zu Ecke. Immer wieder hielt er plötzlich inne und schwang federnd zurück, vermutlich weil der Verbindungsbalken plötzlich hochschnellte.

Ich winkte ihm zu, als ich mit den Kindern das Haus in Richtung Strand verließ. Und hoffte, dass er nicht zurückwinkt, denn das hätte ihn in seiner Verrenkung aus der Balance gebracht. Zwei Stunden später kamen wir zurück, und er war immer noch da oben. In einer Ecke, in der der Satellit ihn zu finden schien – sonnenverbrannt und hungrig, aber zufrieden …

Mitunter macht der fehlende Empfang sogar aus einem Passiv- einen Aktivurlaub. Einmal hatten wir ein norwegisches Ferienhaus ohne WLAN, fließendes Wasser und Strom gemietet, um einmal tatsächlich und wirklich offline zu sein, der Hektik und der ständigen Erreichbarkeit zu entkommen und uns auf stillen Kanufahrten an Biber heranzuschleichen.

Aber nach wenigen Tagen fingen wir an, nach dem Fleckchen mit Internetempfang zu suchen, von dem uns der Hüttenbesitzer erzählt hatte, und nach ein paar Stunden des Umherirrens, das Handy immer vor der Nase, wurden wir fündig – auf der gegenüberliegenden Seite des Sees. Blöderweise stand das Auto mit der batteriebetriebenen Handyladestation wiederum am anderen Ufer, sodass wir zuerst dorthin mussten, bevor wir quer über den See zu unserem Hotspot rudern konnten. Es war anstrengend, und trotzdem: Am Ende eines solchen Tages, fernab der Zivilisation, umgeben von lachenden Bibern, waren wir erschöpft und glücklich.

Vor allem die Kinder, die zum ersten Mal erleben durften, wie erfüllend ein Alltag in der Natur sein kann, ohne einen großen oder kleinen Bildschirm, ohne elektronische Unruhe. Wie ein Urlaub in Paterson.

Aasfresser versus Gurkendomina

Einige meiner besten Freunde sind Vegetarier

Medienberichten zufolge soll sich der 81-jährige indische Yogi Prahlad Yani seit seinem achten Lebensjahr von Luft und Licht ernähren. Der Mann ist zweimal fast zehn Tage lang untersucht worden und hat in dieser Zeit weder Wasser noch Nahrung zu sich genommen oder die Toilette benutzt, heißt es. Der Arzt, der die Untersuchung geleitet hat, vertritt die Hypothese, dass der Mensch »prinzipiell zur Autotrophie befähigt ist und wie eine Pflanze über Sonnenlicht Energie gewinnen kann«. Ein faszinierender Gedanke: nie wieder Sonnenbrand und immer umsonst essen.

Eine meiner Freundinnen ist Art-Direktorin und hat bei Aufnahmen mit einem New Yorker Modefotografen erfahren, dass es Frauen gibt, die diese Theorie bestätigen können. Die Mitarbeiterinnen des Fotografen haben meiner normalgewichtigen und genussfreudigen Freundin erklärt, wie es geht: Wenn sich der Hunger meldet, soll man einfach langsame und genüssliche Kaubewegungen simulieren, mit leerem Mund – und schon stellt sich ein Sättigungsgefühl ein. Ich hab's probiert, während einer Hungerattacke vor dem Laptop beim Schreiben dieses Textes. Bei mir hatten die Kau-Aero-bics den gegenteiligen Effekt: Die Leere in meiner Mundhöhle war noch viel deutlicher spürbar als mit unbewegtem Kiefer, und ich habe im Affekt das letzte Geburtstagsmitfreutütchen meines Sohnes geplündert. Möglicherweise standen die Kau-Aerobicerinnen unter dem Einfluss appetithemmender Drogen. Außerdem kann Nahrungsmangel über einen längeren Zeitraum durchaus die Hirnfunktionen beeinträchtigen. Man muss sich also die Frage stellen, ob die jungen Frauen einfach nur im Hungerdelirium wirres Zeug geredet haben.

Oder aber meine Freundin wurde Zeugin eines Quanten-sprungs in der menschlichen Evolution. Die Modedamen haben sich durch jahrelanges schrittweises Aushungern optimal an ihren natürlichen Lebensraum – also die Modebranche – angepasst und heimlich Fotosynthese gelernt. Während sie mitleidig und leicht angewidert die vollen Münder und gierigen Blicke der Nahrungskonsumenten um sie herum beobachten, blinzeln sie in die Sonne und bauen in ihren dünnen Adern unbemerkt superleckere Kohlenhydrate zusammen.

Die Damen sind womöglich sogar der Lebensmittelindustrie einen Schritt voraus: Auf der letzten Anuga (der weltweit größten Messe der Nahrungsmittelindustrie) wurde ein neuer Algendrink vorgestellt, der vor lauter Chlorophyll nur grün schimmerte ... na?

Damit wären wir am vorläufigen Endpunkt einer Entwicklung angelangt, die uns eine große Auswahl an Ernährungs-formen, Diäten und Allergien beschert hat, auf die wiederum mittelalte Menschen besonders gut anspringen. Eltern hingegen essen das, was ihre Kinder übrig lassen, und sind vollkommen von dem Bemühen um eine zucker- und allergenfreie Ernährung der Kleinen absorbiert. Zwischen zwei Terminen beim Homöopathen bleibt da oft nur Zeit für ein Wurst(weizen)brötchen vom Bäcker an der Ecke. Aber wenn die Kinder alt genug sind, um sich selbst einen Döner zu kaufen, haben wir endlich wieder Zeit, um uns selbst zu finden. Als Essende.

Vegan zum Beispiel ist längst mehr als eine ungenießbare politische Haltungsfrage alternder Blumenkinder, vegan ist das neue Bio und der »heiße Scheiß«. Laut Deutscher Gesellschaft für Ernährung liegt der Anteil der wahrhaftigen Veganer zwischen 0,1 und 1 Prozent der Bevölkerung. Trotzdem musste, so eine Meldung im Mai vergangenen Jahres, bei der Neueröffnung eines veganen Schnellrestaurants die Berliner Polizei ausrücken. Die Vermutung lag nahe, dass eine Rangelei um den ersten Platz in der Schlange vor der Süßkartoffel-Pommes-Ausgabe in eine Schlägerei ausgeartet war. Dabei gelten Veganer doch als ausgesprochen friedliebend. Vielleicht legen sie sich ja eher mit Menschen an, als einem Tier zu widersprechen oder gar wehzutun. Wie sich herausstellte, war tatsächlich keine Gewalt im Spiel: Vielmehr war der Auflauf vor dem Restaurant so groß, dass die veganen Schnellköche nicht hinterherkamen und die sich stauende Menschenmenge zu einer Verkehrsbehinderung wurde.

Für einen Mittzwanziger beginnt ein gelungener Abend heute mit einem veganen Bohnenwrap im Stehen, führt über Gin- und Wodka-Longdrinks oder einen Joint zu einer anschließenden Heißhunger-Currywurst auf dem Kiez und endet – eigentlich immer noch nicht – am nächsten Morgen mit Red Bull oder aufputschenden Drogen in einem der vielen After-Hour-Clubs, die erst um sechs Uhr aufmachen.

Junge Menschen sind keine Überzeugungs-, sondern Event-esser, und anders als bei den ersten Veganern gibt es keine Abgrenzungsbedürfnisse gegenüber »Soho Chicken« oder »Ottos Burger«. Alle wollen vor allem frisch und lecker essen, egal was. Und am besten jeden Abend was neues.

Ganz anders meine Generation. Wie alles andere im Leben auch, und vor allem immer dann, wenn sie etwas Neues für sich entdeckt haben, nehmen die Mittelalten die Sache besonders ernst:

In meinen Zwanzigern gehörten Veganer einer versprengten Minderheit an, die den Tieressern mit missionarischem Eifer den Appetit ausreden wollten. Wer in Fleischgelüsten schwelgte oder regelmäßig seinem Heißhunger auf Süßes folgte, war »degeneriert«, »fehlgeleitet«, im besten Fall vielleicht »manipuliert« oder irgendwie emotional gehandicapt, was sich im fehlenden Mitgefühl für die sinnlos getöteten Tiere äußerte. Die mittelalten Veganer von heute knüpfen häufig an diese Haltung an und lassen sich mit großem Vergnügen von Fleischessern zum Dinner einladen, um im Laufe des Abends fünf Mal zu betonen, dass es ihnen nichts ausmache, als Einzige in der Runde etwas anderes zu essen, und im nächsten Atemzug eine Diskussion darüber anzufangen, warum »der Mensch nun mal das *ist*, was er *isst* …« Nun, je nachdem, welches Tier der Gastgeber auf den Teller bringt, kann es bei so einem Dinner dann durchaus unter die Gürtellinie gehen. Ich war Zeugin eines Duells (abwechselnde Drohgebärden mit der Silbergabel inklusive) zwischen einer Veganerin und einem Slow-Food-Fleischesser, der stolz ein *Entrecôte* vom fränkischen Gelbvieh aus der Rhön präsentierte. Es fielen Begriffe wie »Aasfresser« auf der einen und »Gurkendomina« auf der Gegenseite. Für alle anderen, die genüsslich kauend zuschauen durften, war es ein sehr amüsanter Abend.

In meiner Kindheit konnte ein Gastgeber noch auf die Bewunderung seiner Gäste hoffen, wenn ein selbst geschossenes Reh auf den Tisch kam. Was bei meinem Vater selten vorkam. Er war ein begeisterter, aber eher talentfreier Jäger. Nach einem langen Tag im Wald durfte er am Ende das Kleinwild mitnehmen, das bei den Jagdkollegen nicht mehr in die Tiefkühltruhe passte. Wenn er doch mal etwas vor die Flinte bekam, so handelte es sich meist um altersschwache Beute, die aus nächster Nähe erlegt werden konnte. Das bedeutete zum Leidwesen der ganzen Familie, dass auf einen Bissen des zähen Fleisches ein Teelöffel Schrotkugeln kam, die wir beim Essen zwischen den Zähnen hervorpulen mussten. Es hätte für mich also viele Gründe gegeben, schon als Mädchen Vegetarierin zu werden. Stattdessen habe ich, allein schon durch die vielen Kleintiere, die in unserer Waschküche ausgenommen wurden, ein entspanntes Verhältnis zu Tierleichen. Ich wusste, dass diesen Tieren bis zu ihrem jähen Ende ein erfülltes Leben in Freiheit vergönnt war und dass dieses Ende zwar unerwartet, aber schnell und eher schmerzfrei kam.

Viele Erinnerungen aus meiner Kindheit könnte man zu einem Horrorstreifen für Veganer zusammenschneiden. Wenn ich nachts im Dunkeln mein Fahrrad in die Garage schob, kam es vor, dass ich in den Kadaver eines Hasen hineinlief, der zum Ausbluten von der Decke hing, in manchen Fällen auch in den offenen Bauch eines Rehes. Ich war sicherlich erschrocken, hatte danach aber nie Probleme mit dem Einschlafen. Was nicht heißt, dass ich mich jemals an Bilder aus der Massentierhaltung gewöhnen könnte. Ist das ein Widerspruch?

Keine Ahnung. Es ist jedenfalls anstrengend, sich für die eigenen Empfindungen, oder eigentlich: Empfindungslosigkeiten, auf diesem Gebiet zu rechtfertigen.

Als Fleischesserin fühle ich mich grundsätzlich und überhaupt schuldig. Und spüre das dringende Bedürfnis, offenzulegen, woher ich unser Fleisch beziehe (Neuland Vertrieb Nord, tiergerechte und umweltschonende Nutztierhaltung), wenn ich schon nicht ganz davon lassen kann. Ich ziehe schon jetzt den Kopf ein, weil mich die Vorstellung verfolgt, dass mich bei einer Lesung aus diesem Text an ebendieser Stelle eine vegane Torte mitten ins Gesicht treffen könnte.

Verstehen Sie mich nicht falsch – einige meiner besten Freunde sind Vegetarier. Es sind die im mittleren Alter zum Veganismus Konvertierten, die mich vorsichtig werden lassen, vielleicht sogar etwas schreckhaft. Menschen, die jahrzehntelang sorglos, so fröhlich wie ungesund, konsumiert und getrunken haben und plötzlich, mitten in der Grillsaison, in eine Krise rutschen. Ein neuer Job ist nicht drin, weil die Kredite fürs Haus noch laufen, ein neuer Partner nicht in Sicht und einen Umzug will man den Kindern nicht zumuten – also beginnt das neue Leben mit einer Ernährungsumstellung.

Das frisch erworbene Expertenwissen wird begeistert geteilt, indem zum Beispiel die Zusatzstoffe in der fleischgefüllten Frühlingsrolle mit süßer Chilisauce, von der ich gerade einen Bissen zum Mund führe, blitzschnell analysiert werden: Feuchthaltemittel, Geliermittel, Geschmacksverstärker, Antioxidationsmittel, Maisglucosesirup, Hefeextrakt, Kartoffelmaltodextrin, eine unberechenbare Gewürzmischung und Palmöl. Während ich innehalte und den knusprigen Klumpen Gift auf meiner Gabel anstarre, folgt noch eine kleine Ausführung darüber, wie viel Regenwald für die Produktion von Palmöl gerodet wird und welche Pflanzen- und Tierarten infolgedessen aussterben.

»Guten Appetit« hört sich anders an.

Im Umgang mit Konvertiten habe ich immerhin gelernt, dass sie es nicht böse meinen, sondern einfach beseelt sind von ihrer neuen Leichtigkeit, der flutschenden Verdauung, dem frischen Teint, der ungewohnten Selbstdisziplin. Die neuen Besseresser wirken wie frisch verknallt. In ihr neues Gemüse-Ich. Viele, bei denen sowohl privat als auch im Job alles aus dem Ruder läuft, haben endlich wieder das Gefühl, Kontrolle über ihr Leben zu haben. Und wer darin nichts anderes sieht als eine sinnesfeindliche Essensdogmatik, der ist schlichtweg neidisch. Wie ich. Ich schaffe es nicht. Wenn ich einem dieser langhaarigen Galloway-Teddyrinder in die Augen schaue, denke ich ganz kurz: »Wie niedlich!« – und dann überkommt mich der Gedanke an ein Steak-Tatar. Mit rohem Ei und Zwiebeln.

Ich weiß, dass ich mich damit immer weiter von meiner Peergroup entferne. Noch hoffe ich auf dieselbe Toleranz, die ich der anderen Seite entgegenbringe. Wenn ich zu einem Chili con Carne einlade, steht immer ein kleiner Topf sin Carne daneben, wobei dieses Gericht ohne Fleisch nicht wirklich Sinn ergibt, aber ich gebe mir Mühe. Für die vielen vegetarischen Freunde meiner Kinder habe ich als Alternative zur Bolognese immer Pesto im Haus und für danach Gummibärchen ohne Gelatine.

Noch kann ich mit all den Dinkeldünklern mithalten. Es sei denn, jemand weitet sein Engagement auf das Wohl von Pflanzen aus, dann stoße auch ich an meine Empathiegrenzen. In meinem Viertel zum Beispiel bin ich auf der ständigen Flucht

vor einer Dame, die sich einem botanischen Freiheitskampf ver-
schrieben hat. Eine 68erin mit ergrautem Wallehaar, die mich
zunächst als Fan der Sendung ansprach und mit der ich immer
mal wieder im Vorbeigehen ein paar Worte gewechselt hatte.

Bis zu dem Tag, an dem sie mich in einer Konditorei er-
wischte und beschimpfte. Es brauchte einen Moment, bis mir
dämmerte, wovon sie sprach. Der Vorwurf »Wie können Sie in
so einem Laden einkaufen?« bezog sich nicht auf die leckeren
Auslagen, sondern auf die Blumen im Fenster, die in leeren
Vasen standen und die Köpfe hängen ließen: »Wo diese wun-
derschönen Geschöpfe einem einsamen Tod überlassen werden.« Zugegeben, das Arrangement sah etwas traurig aus, aber
wie alle anderen Kunden auch hatte ich es nicht mal wahrgenommen. Das ehemalige Blumenkind war derart empört,
dass ich mich trotzdem schuldig fühlte. Und schwieg. Was
vor allem daran lag, dass ich nichts zu meiner Rechtfertigung
vorbringen konnte. Ja, ich war achtlos an den verdurstenden
Pflanzen vorbei- und in egoistischer Vorfreude schnurstracks
auf ein großes Stück Baisertorte zugegangen.

Kurze Zeit später erspähte mich die Dame durch die Schei-
ben eines Blumengeschäftes und wartete vor der Tür – wie
sich herausstellte, hatte ich diesmal nicht nur tote Blumen,
sondern auch solche gekauft, die mit großer Wahrscheinlichkeit in einem niederländischen Massenbetrieb gezüchtet worden waren. Damit war ich endgültig unten durch.

Bei dieser Gelegenheit möchte ich schon jetzt die Veran-
stalter meiner Lesungen darum bitten, von Blumensträußen
am Ende des Abends abzusehen. Eines Tages wird sich das
ehemalige Blumenkind unters Publikum mischen, und beim
nächsten Mal wird es für mich kein Pardon mehr geben.

Last Fuckable Day

Erotische Tarnkappe I

Ich bin komplett verkabelt. Mein Torso steckt in einer schweren Gummiweste und an den Oberschenkeln und Armen sind ebenfalls Gurte festgeschnallt, in denen schwarze und rote Leitungen stecken, die zu den farblich passenden Anschlüssen führen. Der Trainer schließt ein Stromkabel an. Ab jetzt hat mein Körper genau 25 Minuten, um ein dreistündiges Muskeltraining zu absolvieren. Angetrieben wird er dabei durch Elektrizität, die meine Muskeln zucken lässt, als würde ich mit der Geschwindigkeit eines fliehenden Eichhörnchens das Matterhorn besteigen. Dieses Training wurde für Menschen konzipiert, die sowieso schon unter Strom stehen und in ihrem komprimierten Arbeitsleben nicht genug Zeit finden, um ihre Bauchmuskeln häufig genug zu komprimieren, um in die komprimierten Schönheitsideale des 21. Jahrhunderts zu passen. Soll heißen: Die Zeiten, in denen Frauen einfach nur schlank und sogar schlaff sein durften – wie beim Heroin-Chic der Neunziger –, sind endgültig vorbei. Unter dem bauchfreien Kastenpulli muss ein Sixpack aufblitzen, beim Stemmen der Wasserkiste (Voss, aus Norwegen) müssen sich von hinten Trizepse abzeichnen. Wer heute schön sein will, muss auch stark sein. Die Snapchat-Videos erfolgreicher Bloggerinnen zeigen junge Frauen, die sich allein in ein Seil stemmen und so einen Jeep hinter sich herziehen.

Ab einem bestimmten Alter ist ein ausgedehntes Muskeltraining die einzige Chance, der Schwerkraft ein Schnippchen zu schlagen. So heißt es. Über großen Muskeln spannt die Haut genauso wie über Fettpolstern. Mein Studio heißt *Bodystreet*, was mich an Leichen denken lässt, die einen Weg pflastern. »Deine Adern sind sehr gut definiert. Du hast bestimmt einen niedrigen Körperfettanteil.« Der Trainer zeigt auf meine Unterarme. Aha. Ich bin mir nicht sicher, was in der Sprache der *Bodystreet*-Community eine passende Antwort wäre. Mal davon abgesehen, dass mir die Puste fehlt, um irgendetwas zu sagen. Aber in diesem Studio und in dieser Situation vermute ich, dass es sich um eine Art Kompliment handelt, und lächele brav, während ich meinen Blutgefäßen beim Pumpen zuschaue.

Bisher war ich der Meinung, dass meine profilierten Adern an den Innenarmen nicht gerade zu den schönsten Details meines Körpers gehören und dass es im Gegenteil eher meine profilierten Körperfettanteile an den richtigen Stellen sind, die ein Kompliment verdient hätten. Aber warum nicht? Es hat etwas Befreiendes, wenn man als Frau mal nicht nach seinen Rundungen, sondern nach seinen eckigen Seiten beurteilt wird. Was wahrscheinlich auch in einem normalen Fitnessstudio der Fall wäre, leider bin ich für ein längeres Training mehrmals die Woche einfach zu faul. Aber 25 Minuten in sieben Tagen – das passt immer. Außerdem hat mein Orthopäde mir dringend geraten, den Rücken zu trainieren. Das ist jetzt keine Ausrede. Ehrlich. Ich habe wirklich Rückenprobleme. Würde ich mich sonst in so eine alberne Weste quetschen und von einem gebräunten 25-jährigen Bodybuilder im knappen Outfit ...?

Na gut, dann glauben Sie mir eben nicht.

Ich gebe zu, dass mich der dritte *Bodystreet*-Gutschein in Folge verunsichert hat. Und mein Sohn, der seinen Kopf immer öfter auf meinem Bauch abgelegt hat: »Voll gemütlich. Wie bei Opa.«

Ich wünschte, ich hätte meinen flachen Bauch und meine muskulösen Fahrradbeine (10 Kilometer zur Schule, bis zu 20 Kilometer für die Verabredungen danach) viel mehr zur Schau getragen, als ich tatsächlich jung, rank und schlank war. Damals haben mir aber andere Ansprüche die Laune verdorben, denn in den späten 80ern sollten Frauen dann plötzlich kleine Aerobic-Hintern in Kombination mit möglichst großen Brüsten haben. Mein Körper war genau umgekehrt gebaut. Also war ich zwar straff, aber trotzdem unglücklich.

Das Unglück vergesse ich heute gern, wenn ich etwas wehmütig zurückblicke. So wie viele in meiner Generation, die sich in jedem Jahrzehnt neue oder andere Defizite haben aufschwatzen lassen und sich ab 40 auch noch gegenseitig Gutscheine schenken. Um zu verhindern, dass einer zu früh aussteigt aus dem Hamsterrad der Selbstoptimierung.

Es kann uns auch nicht trösten, dass die heutige Jugend es noch bunter treibt, indem sie auf Instragram nicht nur für Bauchmuskeln neue Maßstäbe setzt, sondern beispielsweise auch für ein sexy Fußdekolleté, für strahlend weiße Innenpobacken, perfekte Avocadotoasts, formvollendeten Herzchenschaum auf dem Cappuccino oder Nippel in Himbeerform und -farbe. Denn im Gegensatz zu den Youngstern muss man uns erst erklären, dass diese Bilder nur dank Photoshop so perfekt sind und weil die Betreiberin des Accounts den ganzen Tag nichts anderes macht, als ihr Essen, ihre Einkäufe oder ihre Füße zu inszenieren.

Jugendwahn besteht aus zwei Wörtern: Jugend und Wahn. Das dazugehörige Störungsbild zeichnet sich dadurch aus, dass Menschen, die tatsächlich jung sind, davon nicht befallen werden können. Was nun die Jugendwahnsinnigen selbst betrifft, habe ich eine Vermutung: Viele von uns scheinen ausgeblendet zu haben, wie es in ihrer eigenen Jugend um sie herum aussah. Beispiel: Mit 15 hatte ich eine strohige Haarmatte, die mein Vater als »Kopfgardine« bezeichnete, und der Rest meines Gesichts war hinter einer überdimensionierten Nickelbrille versteckt. Im Laufe meines Wachstums haben ausgerechnet meine Hände, Füße und Knie den Rest des Körpers zeitweise überholt. Es war schlimm.

Ich will damit sagen: Jugend kann Attraktivität mit sich bringen. Aber sie muss es nicht zwingend, oder?

Pubertierende verbringen Stunden vor dem Spiegel, übrigens durchaus unabhängig vom Geschlecht. Unsichere Middleager auch, beide suchen nach Fehlern. Und beide werden fündig.

Let's face it: Übergangsphasen sind selten schön anzusehen. Pubertiere sind in dieser Phase zwar jung, aber deswegen noch lange nicht hübsch. Nicht umsonst tröstet KiKA seine verpickelten Zuschauer mit dem Slogan »Du bist kein Werwolf!«. Es ist ja auch wichtig und richtig, Teenager in ihrem Selbstbewusstsein zu stärken. Aber unter uns: Ein bisschen sehen sie schon so aus. Dieser verschlagene Blick aus verquollenen Augen (hormonbedingter Schlafmangel!) und das leise Knurren, mit dem sie auf ein »Guten Morgen!« antworten, der spontane und fleckenhafte Haarwuchs, überall gerötete oder entzündete Haut, fettige Haare und Gerüche, die einem die Socken ausziehen. Was da an vermeintlicher Jugend erblüht, ist zunächst wild sprießendes Unkraut. Haben Sie schon einmal ein paar Hoden oder Brüste gesehen, die ungleichmäßig wachsen? Und wehe, Sie lachen, vor allem als Elternteil. Das kann lebenslange psychische Probleme nach sich ziehen.

Es ist ratsam, sich jedes Kommentars zu enthalten, bis sich die Sache rausgewachsen hat und die Aknehaut abgeworfen wurde – meistens wird am Ende alles gut. Im Idealfall sogar ganz hübsch.

Aber so sehr wir uns danach sehnen – bei uns Middle-agern kommt nach dem Training, dem Fruchtsäurepeeling, der Botoxschlacht die alte Echsenhaut zum Vorschein. Und ich möchte Echsenhaut in diesem Zusammenhang nicht als altersdiskriminierende Äußerung verstanden wissen, sondern als Bild für etwas besonders Widerstandsfähiges und Exotisches. Es gibt keine Rückverwandlung in ein früheres Ich, auch kein Anhalten der Zeit, und eigentlich gibt es nichts Sinnloseres, als sich einer so unabwendbaren Entwicklung entgegenzustellen. Wenn eine Schauspielerin in der Talkshow beteuert, dass nicht das Skalpell, sondern viel Wasser und Pilates ihr ein jugendliches Aussehen beschert hätten, genügt der Bildregie ein kurzes Einblenden der Hände als Kommentar.

Auch wenn sich einzelne Stellen sogar wiederholt straffen lassen – bei einem scharfen Blick auf Hals oder Hände zeigt sich das wahre Alter. Es spricht also einiges für eine altersgemäße Selbstwahrnehmung, alles andere wird schnell sehr anstrengend.

Außerdem: Egal wie gut man sich hält, nichts schützt eine mittelalte Frau vor dem durchdringenden Blick wirklich alter Männer. Nie vergesse ich den Moment, in dem ein rotgesichtiger, übergewichtiger Herr mit Toupet und Gehhilfe mich ohne den Anflug eines Augenzwinkerns zum Tanzen aufforderte: »Wenn ich mich etwas an Ihnen festhalten darf, kann ich auch ganz gut führen.«

Ich war für einen Bericht über »späte Liebe« bei einem Dreh in einem Senioren-Tanzcafé, also als Reporterin und nicht als »reife Frau« auf Partnersuche. Ich gebe zu, ich war für die Kamera stark geschminkt und trug zwar Jeans, aber dazu einen Blouson und reichlich Schmuck – es muss an dieser Aufmachung gelegen haben. Anders kann ich es mir nicht erklären: Vor den Augen meines Kamerateams, das den Dreh wegen eines kollektiven Lachkrampfes unterbrechen musste, war ich in das Beuteschema eines verwitweten, pensionierten, 30 Jahre älteren Mannes mit einem Gehstock geraten. Und damit in eine Eitelkeitskrise, die meine Zeit vorm Spiegel vom einen auf den anderen Tag verdreifachte. Das war in der Zeit um meinen vierzigsten Geburtstag.

Vielleicht war der Mann auch von meinem Team bestochen worden, damit sie meine authentische Reaktion filmen konnten. Aber im darauffolgenden Jahrzehnt habe ich noch oft die Erfahrung gemacht, dass alte Männer zu einem, sagen wir, atemberaubenden Selbstbewusstsein neigen, wenn es um *wesentlich* jüngere Frauen geht. Auch Selbstüberschätzung genannt. In meinem Einzelfall mit dem Ü70-Tanzbären würde ich, pardon, von Größenwahn sprechen.

Die attraktiven Frauen, die sich zu dem besagten Tanzcafé verirrt hatten, waren zwar älter als ich, aber trotzdem allesamt jünger und fitter als die anwesenden Männer und steckten im Gegensatz zu ihnen in interessanten Jobs. Auf ihr Selbstbewusstsein hatte das allerdings wenig Einfluss.

Mein Selbstbewusstsein hat an diesem Nachmittag ebenfalls gelitten. Anders als mein Kamerateam konnte ich der Szene wenig Lustiges abgewinnen, und der kleine Schock über diese Begegnung zeigte langfristige Folgen: Ich fing damit an, überall Beweise dafür zu sammeln, dass ich eine magische Grenze überschritten hatte. Plötzlich fiel mir auf, dass die Fachverkäuferin im Drogeriemarkt mich neuerdings mit einem solidarischen Lächeln (nichts Schlimmeres als ungefragte Solidarität) in Richtung des Regals mit Produkten für die ›reife Haut‹ verwies: »Das hier zum Beispiel macht die Poren kleiner.« Bis dahin war mir gar nicht klar, dass meine Poren überhaupt zu sehen waren. Meine runden Bäckchen, die beim Joggen kirschrot anliefen, hatten jetzt einen neuen Namen: »Couperose – kann man am besten mit grünen Pigmenten abdecken.« Ich hatte Schlupf- anstelle von Augenlidern und mein Mund war nicht mehr von Lippen umrahmt, sondern von »Minipli-Fältchen«, in denen der Lippenstift »zerfasert«. Dagegen hilft nur ein Konturenstift. Damals habe ich meine kleine Schminkfedertasche gegen einen Schminkkoffer eingetauscht, um Platz zu schaffen für all die abdeckenden oder lichtreflektierenden Cremes, Tonics und Concealer. Ab 40 nennt man das »Beauty-Management«. Inzwischen bin ich wieder bei einem mittelgroßen Beutel, ein paar Jahre und viele Euro später.

Wer will, kann sich als raumgreifendes Hobby dem Studium des eigenen Verfalls widmen und sich von einigen

schockierenden »Facts« inspirieren lassen, die die Kosmetikindustrie als Basiswissen verbreitet: Frauen ab 35 verlieren
jährlich 140 bis 170 Gramm Muskelmasse und lagern stattdessen Fett ein. Außerdem verlieren sie die Kittsubstanzen
zwischen den Zellen (Ceramide), sodass aus Fältchen Falten
werden und sich Kinn sowie Wangen in eine formlose Masse
verwandeln. Ab 40 wird Knochenmasse abgebaut und das
Hormongleichgewicht verschiebt sich. Dadurch entschleu-
nigt sich der Stoffwechsel und man nimmt schleichend und
unaufhaltsam zu.

So etwas ist auch in den Werbeprospekten der Hautärzte
nachzulesen, die sich seit der Gesundheitsreform mit kleinen
Alterskorrekturen über Wasser halten müssen. Was tun? Für
eine Botoxbehandlung war es bei mir schon zu spät. Damit
muss man starten, bevor sich die Falten eingraben. Bleibt die
Möglichkeit, viel Unterhautfett einzulagern. Dicke Frauen
haben glatte Haut. Es gab scheinbar nur noch eine Wahl, wie
mir eine Senderkollegin eröffnete: »Im Alter hat eine Frau die
Wahl zwischen Kuh oder Ziege.« Was sollte aus mir werden?

Zum Glück hatte ich in meinem fortgeschrittenen Alter
schon einen Mann an der Seite, denn die schielen ab Mitte 40
angeblich eher nach Frauen im gebärfähigen Alter – das ver-
riet mir die Marketingchefin einer Dating-Agentur bei einem
Ladys-Dinner. Frauen ab 40 seien nur sehr schwer »zu vermit-
teln«. Ein »ganz trauriges Problem unserer Gesellschaft«, wie
sie es formulierte. Als handele es sich um erschlagene Rob-
ben. Die Soziologen drücken es wie immer etwas höflicher
aus und sprechen von einer »erotischen Tarnkappe«, die sich
über Frauen ab 40 senke.

Die Frage wäre: Wer senkt denn da was über wen? Oder setzen die Frauen sich das Ding womöglich selbst auf? Könnte es sein, dass das Selbstbewusstsein vieler älterer Frauen so viele Löcher aufweist, weil aus allen Rohren darauf geschossen wird? Und dabei bleibt es nicht bei Äußerlichkeiten: Mit 20 oder 30 gelten Frauen als selbstsicher oder rebellisch, wenn sie sich weit aus dem Fenster hängen, mit Mitte 60 haben sie den Bonus der Altersweisheit. Dazwischen sind sie in der Menopause. Und nerven.

Glauben Sie mir: Teenager, die sich gegenseitig weit unter der Gürtellinie mobben, sind blutige Anfänger gegen das, was mittelalte Frauen unter- und übereinander verbreiten. Oder über die eigene Person: Ob im Büro oder bei jeder Art von beruflichen oder privaten Treffen und Veranstaltungen mit und rund um Frauen gleichen Alters begegnet mir immer häufiger dieselbe Art der – ich habe lange nach einem passenden Ausdruck gesucht – Selbstbeschämung. Frauen, die sich vor anderen über ihren persönlichen Alterungsprozess, den Zustand ihres Bindegewebes, ihrer Haut, ihrer Haare und ihrer Geschlechtsmerkmale auslassen.

In einem selbstironischen Austausch, der nach unausgesprochenen Spielregeln verläuft: Eine Gesprächspartnerin geht mit Selbstbeschimpfungen in Vorleistung, die andere zieht nach und versucht, die Details über den fortschreitenden Verfall zu toppen, indem sie noch tiefer in die offenen Poren und geplatzten Äderchen einsteigt, alles nur aus Spaß, versteht sich. Damit das Gegenüber entlastet wird und sich etwas weniger alt oder zumindest nicht allein fühlt.

Ich weiß, wovon ich rede, weil ich lange mitgemacht habe. Bis ich feststellen musste, dass ich mich nach so einem Gespräch schlagartig sehr viel älter fühlte, als ich tatsächlich war.

»Das ist kein Muster in der Hose, das sind die Dehnungsstreifen darunter.«

»Guck mal, bei mir hat die Cellulitis die Knie erreicht – jetzt weiß ich endlich, wofür blickdichte Strumpfhosen erfunden wurden.«

»Ich kaufe mir neue Klamotten nur noch, damit irgendetwas Buntes von meinem Gesicht ablenkt.«

»Mir war nicht klar, dass man irgendwann auch die Schamhaare färben muss …«

Und so weiter. Ich kann kaum die Stunden zählen, die ich, innerlich fingertrommelnd, als unfreiwillige Zeugin solcher Selbstsabotagen hergehalten habe. Aber wehe, Sie machen Ihr Gegenüber ganz vorsichtig darauf aufmerksam, dass niemand sonst die Betreffende oder deren körperlichen Unzulänglichkeiten in derart mikroskopischer Detailtreue wahrnimmt. Außer sie selbst. Und dass solche Demontagen psychisch nicht gesund sein können. Dann sind natürlich Sie als Zuhörerin diejenige, die eigentlich ein Problem hat. Weil Sie die Wahrheit übers Altern nicht ertragen, weil Sie womöglich Ihre Ängste verdrängen. (Alle, denen es besser oder anders geht, werden sowieso pathologisiert.) Oder, noch schlimmer: Weil Sie vielleicht immer noch glauben, Sie sähen aus wie 30!

Tue ich nicht. Ich sehe mich ja jeden Tag im Spiegel, aber ich habe damit aufgehört, Beinfleisch zusammenzukneifen, um noch mehr Cellulitis quellen zu lassen. Ich winke auch nicht vorm Spiegel, um zu sehen, wie viel von meinem Oberarm sich in die Gegenrichtung bewegt. Ich lasse mich nicht mehr dazu hinreißen, meinen Ü50-Körper mit der Erinnerung an die Ü30-Version desselben Körpers zu vergleichen.

Was soll dabei rauskommen? Außer schlechter Laune? Wenn überhaupt, vergleiche ich mich mit anderen Ü50-Körpern.

Aus demselben Grund schaue ich keine Frauencomedy (mehr), in der sich 40- oder 50-jährige Komikerinnen, in jüngster Zeit manchmal auch 30-jährige, darüber lustig machen, wie sich jede Nacht ihr Bindegewebe selbstständig macht und nicht wieder zurückfindet. Sie wundern sich darüber, dass ihr Bauch bei Seitenlage im Bett »eine eigene Liegefläche benötigt«. Oder sie führen vor, was passiert, wenn man ein Bauchweghöschen auf Schamhöhe runterzieht. Im ersten Moment pruste ich vielleicht los, aber das Restlachen bleibt stecken, weil mich das Gefühl beschleicht, dass irgendwo zwischen zwei Gags ein Stück Würde flöten geht. Auf der Bühne und im Zuschauerraum. Und weil manch eine auch drüber lacht, um sich von der Scham zu befreien. Was völlig legitim ist, aber eine Frage nach sich zieht: Wofür schämen? Wenn eine Frau alle Körperteile bedecken würde, die auf deutschen Comedybühnen von Frauen (!) bloßgestellt werden, müsste sie eine Burka tragen. Findet hier eine Talibanisierung statt – unter dem Deckmantel der Satire?

Ich stelle mir vor, wie Dieter Nuhr oder Mario Barth über ihre eigenen Hängehoden frotzeln. Das wäre irgendwie unsouverän. Und schlichtweg nicht witzig. Sondern undenkbar. Weil – würdelos. Geben Frauen auf der Bühne also freiwillig ihre Würde preis? Oder haben sie sich über die Jahre so sehr daran gewöhnt, wie andere ihren Alterungsprozess bespötteln, dass sie inzwischen lieber die Flucht nach vorn antreten? Es heißt, wer über den Humor bestimme, habe die Macht. Gilt das auch, wenn man sich selbst dem Spott preisgibt?

Humor ist vielleicht eher, wenn man drübersteht, oder?

Wenn man sich über den Blick lustig macht, der aus Frauen Bindegewebsansammlungen macht – statt sich selbst so zu betrachten?

In den USA gibt es beispielsweise neben dem Independence Day, dem Memorial Day und dem Veterans Day neuerdings auch den »Last Fuckable Day«. In einem Sketch der Komikerin Amy Schumer begehen drei berühmte 40- bis 50-jährige Schauspielerinnen den letzten Tag, an dem eine Schauspielerin in Hollywood glaubwürdig eine körperlich begehrenswerte Frau darstellen könne – eine Feier mit viel Alkohol, Sahneeis und Zigarren. Im Gespräch der drei Frauen geht es unter anderem um Sally Fields, die in »Forrest Gump« die Mutter von Tom Hanks spielte – obwohl sie ein paar Jahre früher noch als seine Geliebte auf der Leinwand zu sehen war. Irgendwo dazwischen lag ihr »Last Fuckable Day«. Den Rest dieses ironischen Damenkränzchens sollte man sich selbst anschauen, einfach googeln. Wer im Anschluss den Namen Sally Fields eingibt, kann anhand ihrer Filmografie verfolgen, wie sich die Oscar-Preisträgerin von der toughen Reporterin und Geliebten über die spießige Mutter hin zu einem komischen alten Mädchen entwickelt und irgendwann an Krebs stirbt.

Während beispielsweise Bruce Willis seit drei Jahrzehnten auf dem Höhepunkt seiner Schaffenskraft (im privaten auch auf dem Höhepunkt seiner Zeugungskraft) verweilt. Mit 61 hat er gerade den sechsten Teil von »Stirb langsam« gedreht. Man muss den Titel wohl wörtlich nehmen. Noch ein bisschen älter ist Liam Neeson, der mit 63 Jahren und einem Toupet einen Agententhriller dreht. Oder Harrison Ford, der 2019 noch ein (letztes?) Mal in einem Indiana-Jones-Film zu sehen sein wird. Dann ist er 77 Jahre alt. Und immer noch fickbar.

Ich gönne den beiden ihre Millionenrollen. Und Bruce Willis, oder meinetwegen auch Horst Seehofer, ihren superspäten Nachwuchs. Aber ich vermisse das umwerfende Lächeln von Geena Davis, 60, auf der großen Leinwand. Warum kann Susan Sarandon, 69, keine Agentin mit jungem Lover spielen? Und wieso ist Sigourney Weaver, 66, keine Astronautin mehr, sondern spielt eine Nebenrolle? In den Hauptrollen: Gorillas. Im Nebel. Warum kann ich nicht zusammen mit Winona Ryder, 44, und Uma Thurman, 46, alt werden? Woher sollen meine Vorbilder kommen – für das nächste aufregende Jahrzehnt als Actionheldin mit erotischen Abenteuern? Wenn die Traumfabrik meine Tagträume an einer willkürlichen Altersgrenze enden lässt?

Andererseits ist es für männliche Zuschauer sicherlich auch nicht einfach, zusammen mit Bruce Willis zu altern. Vor allem, weil Bruce keinerlei Ermüdungserscheinungen zulässt. Was nicht bedeuten muss, dass er nicht mit seinem Alter hadert. Im Stillen. Nicht auf der Leinwand. Bruce ist mit sich und seiner Glatze im Reinen, wenn er vom Motorrad auf einen fahrenden Zug aufspringt.

Es gibt wohl einen Grund, warum solche Kinofilme von der Zielgruppe bis 30 besucht werden und nur selten von Männern, die auf das Alter von Bruce zusteuern.

Das Honecker-Syndrom

Erotische Tarnkappe II

Sogar ein Blinder könnte unser Alter schätzen. Auch wenn sich viele der sichtbaren Spuren wegspritzen, -liften und -lasern lassen: Die Nase lässt sich nur schwer täuschen.

So wie ein Mensch in wenigen Sekunden über Sympathie oder Antipathie entscheidet, so schätzen wir das Alter unseres Gegenübers blitzschnell anhand von Tausenden mikrofeinen Informationen. Der Jahrgang wird aus dem Augenwinkel erkannt, anhand von Indizien, die der ganze Körper hergibt: der Gang, die Haltung, die Gestik, die Haut, die Knochen unter der Haut, die Haut am Hals … bis hin zur Farbe des Augapfels – glänzend weiß oder eher beige?

Es gibt kein Entkommen. Also kann man sich auch entspannen.

Florenz ist im Sommer wunderschön, aber zu heiß. Niemand, der nördlich der Alpen aufgewachsen ist, sieht bei 38 Grad gut aus, ganz unabhängig vom Alter. Aber ausnahmsweise soll es in der folgenden Mini-Episode auch gar nicht um Sexyness gehen. Eher um Wahrnehmung. Und darum, wer warum in welcher Situation unter die Wahrnehmungsgrenze fällt. Eine ganz unerotische Betrachtung, für all jene, die das Gefühl haben, ab 40 unsichtbar zu werden. Und die dahinter unterschwelligen Sexismus vermuten ...

Kann sein.

Es kann aber auch ganz anders sein. Wenn man sich mal den üblichen Narzissmus verkneift und die Sache nüchtern betrachtet.

Im Palazzo Medici gibt es ein Innenhof-Cafe, dort ist es kühl genug für ein paar späte Sandwiches als Mittagessen und leer genug, um ausnahmsweise mal nicht in einer Menschenschlange zu stehen. Hinterm Tresen am Eingang: drei Kellner Anfang 20, von denen einer aufschaut, als ich unsere Familienbestellung aufgabe, und dann fortfährt, die vorbeiflanierenden Touristentöchter zu kommentieren. Man muss kein Italienisch können, um die Sprüche zu verstehen. Die drei haben jedenfalls Spaß.

Ich bezahle im Voraus, in dem Glauben, dass die ausgewählten Tramezzini sogleich an unseren Tisch gebracht werden, der ungefähr fünf Schritte vom Tresen entfernt ist. 20 Minuten später warten wir immer noch, ich stelle mich in den Gang, blicke mich suchend um, und entdecke unsere Sandwiches auf einem anderen Tisch. Dort sitzt eine Frau mit Mann, aber ohne Kinder, und betrachtet verwirrt die vier vollen Teller. Sie ist blond wie ich und hat die Haare genau wie ich gegen die Hitze hochgesteckt. Offensichtlich reichte das dem Kellner, um zu glauben, dass wir ein und dieselbe Person sind. Obwohl alles andere nicht unterschiedlicher sein konnte: Größe, Gewicht, Figur, Augenfarbe, Klamotten. Beim Hochschauen für die Bestellung hatte der flotte Kellner offenbar keine individuelle Frau, sondern nur eine blonde Frau in einem bestimmten Alter gesehen. Kein Grund, beleidigt zu sein. Wie sich später herausstellt, ist sie tatsächlich in meinem Alter. Was mich überrascht, denn ich hatte mich jünger eingeschätzt – ein typischer Irrtum des Middleagers.

Und ein Denkfehler, der mir immer wieder Schrecksekunden beim Autofahren beschert, wenn ich den Meldungen im Radio lausche und beispielsweise erfahre, dass »es in Wuppertal-Ronsdorf zu einem schweren Verkehrsunfall kam, bei dem eine Fußgängerin angefahren wurde. Die 54-Jährige überquerte die Staubenthaler Straße in Höhe der Einmündung, als sie von einem Hyundai erfasst wurde. Sie erlag wenig später ihren Verletzungen.«

Am Steuer denke ich nur mit einer Hirnhälfte über das nach, was ich gerade höre, trotzdem gehen mir bei solchen Berichten meistens drei Sätze durch den Kopf, immer in derselben Reihenfolge:

1. Wie schrecklich!

2. Aber immerhin hatte sie schon fast ein ganzes Leben hinter sich und hat vielleicht ihre Kinder noch groß werden sehen, und …

3. … mit etwa 10-sekündiger Verzögerung, der Schock: Die ist ja gerade mal vier Jahre älter als ich! Und ich habe doch noch mein ganzes Leben vor mir. Oder?

Sobald der Schock überwunden ist, frage ich mich jedes Mal dasselbe: Was geht wohl anderen durch den Kopf, wenn sie die Meldung über einen Unfall »auf der A 4 Olpe Richtung Köln in Höhe Kreuz Köln-Ost« hören, bei der »die 50-jährige Fahrerin eines Skoda sich ohne Grund so erschrocken hat, dass sie, bei voller Fahrt, mit der Leitplanke kollidierte und noch am Unfallort starb …«. Also eine Meldung über mich, als anonymes Unfallopfer. Ob die meisten Hörer dann auch so etwas denken wie: »Gott sei Dank keine junge Frau, mit 50 hatte man ja schon was vom Leben ...« Stopp! Wer möchte, kann gern mit 50 zufrieden sterben, für mich ist das entschieden zu früh! Ich habe noch keinen Roman geschrieben, noch keinen Kitesurf-Kurs gemacht, war noch nie in der Politik und meine Kinder sind auch noch nicht aus dem Haus! Noch lange nicht.

Aber ich schweife ab – von den frühen Unfallopfern zurück zu meiner gleich alten Miturlauberin.

Bei vielen Mittelalten verharrt das innere Spiegelbild in den Dreißigern, unabhängig davon, welche Veränderungen das tatsächliche Spiegelbild offenbart. Das eigene Hirn liefert die beste Photoshopkorrektur, es sucht nach 10 oder 20 Jahre alten Konturen und klickt schnell auf »Speichern«. Ein Trick der Psyche, der allerdings nur für das eigene Gesicht funktioniert, und auch nur im Vorbeigehen, bei einem eiligen Blick. Wer länger hinschaut, hat verloren.

Bei fremden Personen sind wir sehr viel ehrlicher und rücksichtsloser. Als ich meine Tramezzini einsammeln gehe, entwickelt sich ein Gespräch mit meinem Hochsteckfrisurzwilling, wir schütteln gemeinsam den Kopf über die jungen Kellner. »Komischerweise scheinen die uns durcheinandergebracht zu haben«, sage ich und meine es höflich, weil ich mein Gegenüber zunächst für älter halte. Das hätte ich mir sparen können, denn die Dame ist derselben Meinung, nur umgekehrt, und hält damit nicht hinterm Berg: »Das kann ich mir eigentlich nicht vorstellen, allein vom Alter her ...« Sie lächelt übertrieben und schaut mich unmissverständlich so an, als wollte sie sagen: »Und damit meine ich: Du bist älter.« Ich mache trotzdem einen versöhnlichen Schritt auf sie zu: »Jahrgang 66. Und Sie?« Die Antwort kommt von ihrem Mann: »68!«, und während ich mir meine Teller schnappe, kann ich es mir nicht verkneifen: »Oha, das macht natürlich eine Menge aus.«

Danach hatten wir beide mit großer Wahrscheinlichkeit ein und denselben Gedanken: »Blöde Kuh!«

Der junge italienische Kellner hatte mich also mit einer blondgefärbten, schmallippigen, sehnigen blöden Kuh in einem schaurigen Kleid von Desigual verwechselt. Weil sie zur selben Alterskohorte gehört. Macht mich das unsichtbar? Nein. Ist es verwunderlich, dass wir beide für ihn keine besonderen Merkmale besitzen, weil wir naturgemäß nicht in sein Beuteschema fallen? Nicht wirklich.

Und ich mache gleich noch eine Entdeckung, die aus der Erotischen Tarnkappe eine ganz banale macht: Als ich dem Kellner Bescheid geben will, dass ich die Sandwiches zurückentführt habe, kann ich ihn nicht finden. Genau gesagt: Ich kann ihn nicht identifizieren, weil ich mich beim besten Willen nicht daran erinnere, welcher der drei schwarz belockten und braun gebrannten jungen Männer meine Bestellung entgegengenommen hat. Obwohl alle drei unterschiedlich groß und breit und hübsch sind, mit und ohne Bart.

Vermutlich, weil junge italienische Männer in meinen 50 Jahre alten Augen alle gleich aussehen. Da sie alle Anfang 20 sind und nicht in mein ausgereiftes Beuteschema fallen. Ist das nun Sexismus? Oder einfach das Leben und die Menschen, wie schon kleine Kinder sie begreifen? Die spielen ja bekanntlich am liebsten mit Gleichaltrigen.

In einem Essay mit dem Titel *On the Invisibility of Middle-Aged Woman* beschreibt die dänische Schriftstellerin Dorthe

Nors eine Begegnung mit einer britischen Anwältin bei einem Empfang. Die beiden beginnen ein Pingpong-Fragespiel darüber, was ihnen alles passiert, seit sie die 40 überschritten haben – oder vielmehr, was ihnen eben nicht mehr passiert:

»Du fragst einen jungen Mann im Bahnhof nach dem Weg und er ignoriert dich?«

»Die Autos halten nicht mehr an, wenn du über die Straße willst?«

»Du steckst in einer interessanten Unterhaltung mit einer Gruppe Männer, eine junge Frau kommt dazu und die Unterhaltung ist plötzlich beendet?«

»Männer, die du kennst, verlassen ihre mittelalten für jüngere Frauen um die 20 oder 30?«

Beim letzten Aufschlag heben beide ihr Champagnerglas und stoßen an.

Was lässt sich aus dem Beispiel ableiten?

Dass beide ähnliche Erlebnisse hatten, spricht dafür, dass vielleicht tatsächlich eine universelle Erfahrung dahintersteckt. Womöglich sogar ein strukturelles Problem.

Fakt ist: *It's a man's world.* Trotz Angela Merkel, Ursula von der Leyen, Hillary Clinton, Christine Lagarde, Sheryl Sandberg oder Marissa Mayer – verzeihen Sie mir an dieser Stelle das Fehlen einer langweiligen Aufzählung der Gegenbeispiele und der eindeutigen Statistiken, die belegen, dass Geld, Macht und Ressourcen weltweit vor allem in männlicher Hand sind. Ich kenne die Zahlen der vergangenen 20 Jahre und kann Ihnen versichern: Sie haben sich nur marginal verändert.

Vor diesem Hintergrund hat das anschließende Gespräch der beiden Frauen allerdings etwas Erhellendes, denn die Anwältin erklärt der Autorin, dass diese seltsame »Unsichtbarkeit« als Frau vor allem deshalb so schwer zu ertragen sei, weil sie zufällig mit der Entscheidung zusammenfiel, ihre Karriere runterzufahren. Sie hatte es bis zur Staranwältin und Beraterin der Premierministerin geschafft und wollte etwas kürzertreten, um zumindest mit ihrem Mann frühstücken zu können, da sie sich zu Hause sonst kaum noch über den Weg liefen.

Vorbei waren die Fahrten in der Regierungslimousine zur Downing Street, es entfielen die Meetings mit Menschen, die andere nur aus der Presse kannten, und die Einladungen zu großen gesellschaftlichen Events wurden schlagartig weniger.

Nun ja, genauso wird es David Cameron nach dem Brexit und seinem anschließenden Rücktritt gegangen sein. Und er hat keine Falten.

Die Frage ist, warum die Anwältin nicht mal auf die Idee kam, dass zwischen ihrer plötzlichen Unsichtbarkeit und dem Ende ihrer Karriere ein Zusammenhang bestehen könnte.

Männer, die Macht und Einfluss verlieren oder nie hatten, werden oder sind unsichtbar, wenn ihnen einmal die Haare ausfallen und langsam der Bauch wächst, ebenso wie eine Frau, die sich in Falten legt. Und Männer sind sich dessen bewusst. Deshalb klammern die ehemals Einflussreichen so verzweifelt an allem, was ihnen irgendeine Bedeutung verleiht, kurz auch Honecker-Syndrom genannt. Joseph Blatter, 81 Jahre, war als FIFA-Präsident so machtversessen und altersstarrsinnig wie Robert Mugabe, 93, Diktator von Simbabwe. Irgendwann soll sogar die FIFA selbst Attentatspläne geschmiedet haben, weil sie den Mann nicht aus dem Amt bekam, ohne grob unhöflich zu werden. Claus Peymann, 80, bis letztes Jahr Intendant, Geschäftsführer und künstlerischer Leiter des Berliner Ensembles, schimpfte bei seinem Abgang über den »heute üblichen Jugendwahn«, den er als »vollständige Perversität« empfinde.

Vereinzelt gibt es auch die Schon-immer-Einflusslosen, die eine erstaunliche Wut entwickeln auf alle, die sie übersehen, egal ob Männer oder Frauen. Vielleicht weil sie anders als Frauen für ihren fehlenden Erfolg verachtet werden. Keine Frau ab 40, die weder Karriere noch Besitz vorweisen kann, wird deshalb als Versager abgestempelt. Von Männern wird nach wie vor erwartet, dass sie es ab 40 »geschafft« haben. Dieter Bohlen beispielsweise fände einen 30 Jahre älteren Mann für seine Tochter akzeptabel – andernfalls würde er sich ja auch selbst widersprechen –, aber im Stern-Interview macht er seine Ansprüche klar: »Ich hätte nix dagegen, wenn sie mit einem intelligenten Multimillionär ankommt.«

Die überwältigende Mehrheit der erfolglosen mittelalten Männer nimmt ihre Unsichtbarkeit nicht einmal als solche wahr. Sie freuen sich, wenn eine junge Frau sie anlächelt, aber sie empören sich nicht, wenn sie blicklos an ihnen vorbeigeht.

Trotzdem gibt es diese Alltagsbeobachtungen, die aufmerksame Menschen beiderlei Geschlechts häufig bestätigen: Es ist ein Unterschied, ob eine Frau oder ein Mann redet. Männer nehmen sich mehr Raum und Zeit – unter anderem, weil ihnen beides von Männern und Frauen eher zugestanden wird.

Frauen, die etwas zu sagen und zu tun haben: Meinungsführerinnen, Staaten- und Unternehmenslenkerinnen sind in der Öffentlichkeit zwar präsent, weil sie wegen ihrer Seltenheit besonders herausgestellt werden. Aber weil sie nicht die Regel, sondern die Ausnahme sind, gelten sie als Exotinnen und haben kaum Einfluss auf die allgemeine Wahrnehmung einer durchschnittlichen Frau in den mittleren Jahren.

Das Foto eines gepflegten Ü40-Mannes im Anzug, der selbstbewusst lächelt, ist zwangsläufig mit Macht und Besitz aufgeladen. Eine Ü40-Frau im Kostüm – das kann auch die Sekretärin sein. Entsprechende Experimente aus der Sozialforschung belegen diese Wahrnehmung. Für junge Leute beiderlei Geschlechts gilt: Wenn sie sich für Entscheider interessieren, die ihre Karriere nach vorne bringen, lassen sie die Sekretärin eher links liegen. Und laufen manchmal an sehr einflussreichen Frauen vorbei.

Männern mit grauen Schläfen wird eher unterstellt, dass sie etwas Wichtiges zu sagen haben, weil sie statistisch betrachtet öfter über Geld und Macht verfügen. Diese Vorstellung bleibt allerdings auch bestehen, wenn Männer im realen Leben keine Macht haben. Und davon profitieren alle Geschlechtsgenossen, die sich einfach nur selbst gern reden hören. Dieses Verhalten wurde jüngst mit einem Neologismus bedacht: Mansplaining.

Ein Paradebeispiel lieferte der Manager, der zufällig bei der Sicherheitskontrolle am Flughafen neben mir stand. Ich war auf dem Weg nach Köln, zur Sendevorbereitung, im Gepäck meine vier Monate alte Tochter, die ich auf einem Arm balancierte – mit der anderen zog ich meinen kleinen Rollkoffer. Der schlanke Businesstyp mit den grauen Schläfen und dem passenden Nadelstreifenanzug sah sich in der Verantwortung und beugte sich vertrauensvoll in meine Richtung: »Sie müssen das Kind zum Stillen anlegen, wenn die Maschine startet. Das hilft gegen den Druck auf den Ohren, sonst schreit die Kleine bestimmt gleich los … Sie stillen doch, oder? Das wird ja auch von der WHO empfohlen.«

Keine Ahnung, warum ich ihm damals nicht einfach seinen Seidenschlips ins Plappermäulchen gestopft habe.

Gut möglich, dass dieser viel beschäftigte Mann zu den erfolgreichen männlichen Middleagern gehört, die irgendwann ihr erstes Leben hinter sich lassen und ihre gleich alte Frau verlassen, um mit einer jüngeren eine zweite Schleife zu drehen. Und damit wären wir beim letzten, tatsächlich sensiblen Punkt aus der Aufzählung der beiden unsichtbaren Ladys:

alter Mann + junge Frau = alte Frau überflüssig.

Wie kürzlich Forscher vom Monell Chemical Senses Center in Philadelphia herausgefunden haben, verändert sich der Körpergeruch von Tieren mit der Zeit. Dies dient vermutlich dazu, dass männliche Tiere unter den weiblichen die jüngeren und somit fruchtbareren finden – und umgekehrt die Weibchen ein Männchen, das stark genug ist, um eine gewisse Zeit zu überleben.

So viel zu den »Matches« im Tierreich, aus dem wir uns ja bekanntlich vor Millionen von Jahren entfernt haben. Nichtsdestotrotz scheinen sich immer noch überraschend viele Männchen des 21. Jahrhunderts, darunter Forscher, Sportler und Manager, mit den Instinkten ihrer Urzeitvorfahren zu identifizieren. Das ist ihr gutes Recht.

Auch wenn sie sich gar nicht mehr fortpflanzen können oder wollen. Vielleicht liegt es aber auch daran, dass diese wichtigen Männer eher beobachtet und öfter zitiert werden als beispielsweise Thomas, 46, Staplerfahrer im Baumarkt, oder Jens, 53, Kantinenchef im Altersheim.

Die wenigen Fälle von Promis, Politikern und Unternehmern, die sich ab 40 eine Neue und ab 60 eine noch Neuere suchen, werden nicht umsonst in der Presse breitgetreten, weil auch hier die Faustregel gilt: Die Ausnahme ist immer eine Schlagzeile wert, nicht die Regel. Aber auch viele Ausnahmen machen noch keine neue Regel. Denn die meisten kehren nach einer Affäre brav zur Gattin zurück. In neun von zehn Fällen bleibt die Geliebte allein und nicht die mittelalte Gattin. Und eine Mehrheit von Männern hält sich bei der Partnerwahl tatsächlich an mehr oder weniger gleich alte Frauen.

Wir haben es also auch hier mit einem Wahrnehmungsproblem zu tun: Ein Dieter Bohlen (40 Jahre Altersunterschied), ein Peter Maffay (40 Jahre) oder ein Lothar Matthäus (30 Jahre) macht noch keinen gesellschaftlichen Trend. Und zumindest von Lothar wissen wir, dass man sich auch in diesem Alter immer wieder in die falsche junge Frau verlieben kann. Inzwischen ist die allseitige Belustigung in Mitleid umgeschlagen, und da die Chefredakteure bei den Fotos der sich immer stärker ähnelnden Lothar-Ladys durcheinanderkommen – ist das nun die 18. oder 19.? –, gibt es inzwischen auch keine Berichte mehr.

Außerdem ist es mitnichten so, dass spätpubertäre Männer den jungen Frauen nachhecheln, sondern, wie Dieter Bohlen schon vor Jahren aufgeklärt hat, genau umgekehrt. Auf die Frage, wann er aufgehört habe, sich für gleichaltrige Frauen zu interessieren, sagte er: »Nie! Es ist nur so, wenn ich abends weggehe, stehen da lauter 25-jährige Mädels, die ungebunden sind. Da stehen keine 40-jährigen Frauen, die altersmäßig besser zu mir passen würden. Sagt mir, wo's die gibt!«

Womit bewiesen wäre, dass Dieter Bohlen kaum noch vor die Tür geht. Geschweige denn Yogastudios, Ausstellungen, Konzerte, Lesungen oder Programmkinos besucht. Oder um die Alster joggt. Und dass er Millionen gescheffelt hat, ohne jemals rechnen gelernt zu haben, denn 40-jährige Frauen sind immer noch über 20 Jahre jünger als er.

Dellen dritten Grades

Berufsfeld Cellulitis-Double

»Man darf nicht darüber hinwegsehen«, sagt die junge Frau mit den muskulösen und gebräunten Oberarmen und schüttelt traurig den Kopf mit dem strohblonden Sportzopf, »es leiden so viele Frauen darunter, das muss nicht sein.« Sie legt bekennend eine Hand auf die Herzgegend, oberhalb ihrer durchtrainierten Brüste: »Ich hatte es auch. Die schlimmste Form sogar. Und ich habe es auch geschafft.«

Sophia hat überlebt. Bei »es« handelt es sich in diesem Fall nicht etwa um aggressiven Brustkrebs, das Zika-Virus oder Malaria. Sophia hatte Cellulitis. Cellulitis dritten Grades. Und sie hat diese Krankheit überwunden. Mit wahnsinnig vielen Kniebeugen, Beinpressen und Ausfallschritten, mit Joggen und Schwimmen, mit gesunder Ernährung, einer zusätzlichen Diät und ungezählten Oberschenkel- und Po-Massagen. Zusammengerechnet entsprechen die Stunden, die sie für diese Tätigkeiten aufgewendet hat, einem Vollzeitjob. Sie hat diesem Ziel also ihr ganzes Leben untergeordnet, aber das war es wohl wert.

Sophia gehört zu den Hunderten von Youtube-Bloggern, die davon leben, dass möglichst viele Menschen ihren Kanal abonnieren. Leider gehört meine Tochter seit Kurzem dazu. Das weiß ich, seit sie mir im Jammerton erklärt hat, dass ich ihr helfen müsse, denn so wie Sophia sei sie nun von der schlimmsten Form dieser Krankheit befallen. Auch sie leide an Cellulitis *dritten* Grades. Dass es inzwischen sogar verschiedene »Verlaufsstadien« gibt, ist mir neu, wahrscheinlich gibt es zu jedem Grad eine eigene Produktpalette. Zum Vergleich, und um die Dramatik des Geschilderten besser verstehen zu können, konsultiere ich ein medizinisches Lexikon zum Thema Verbrennungen:

»Bei Verbrennungen dritten Grades sind alle Hautschichten … zerstört. Die Haut der betroffenen Stellen … löst sich ab und es bilden sich Geschwüre. Eine spontane Heilung der Haut ist unmöglich, sie muss operativ rekonstruiert werden.«

»Da bleibt nur noch eins«, biete ich meiner Tochter an: »Transplantation!« Sie findet meinen Vorschlag überhaupt nicht lustig. Im Gegenteil. Ich solle mich mal lieber schämen. Schließlich sei ich der Grund allen Übels, denn offensichtlich habe sie mein »krankes Bindegewebe« geerbt. Kurze Klarstellung: Sie hat natürlich wunderschöne, glatte Beine. Aber wie bei allen angeblichen Makeln des weiblichen Körpers geht es um die Wahrnehmung, und nicht um physische Realitäten.

Sie hatte recht: Ich war schuld, in zweierlei Hinsicht. Erstens als Trägerin eines Gens mit faulem Bindegewebe. Zweitens als Teenager der Achtzigerjahre und als junge Frau der Neunzigerjahre. Als eine von Millionen von Frauen, die mitgemacht haben. Bei der Umdeutung des weiblichen Unterhautfettgewebes in einen krankhaften Befall. 1968 schaffte es die Cellulite auf den Titel der US-Vogue. Als »Kombination aus Fett, Wasser und toxischen Abbauprodukten«, die der

Körper bei der Entsorgung wohl übersehen hatte. Damit war eine neue Beulenpest in die Welt gesetzt, die in den Siebzigerjahren den europäischen Kontinent erreichte. Wir haben unseren Kindern den Klimawandel hinterlassen und allerhand andere Katastrophen, und wir sind auf diesen Coup der Kosmetikindustrie reingefallen: Millionen Frauen, die jeden Tag ein Stück Lebensfreude einbüßen, wenn sie in der Umkleide eines Kaufhauses oder eines Schwimmbads in den Spiegel schauen.

Wir haben es nicht nur zugelassen, dass aus einem nichtigen biologischen Unterschied eine Epidemie wurde, die »bekämpft« werden muss und die schon unschuldige Teenager »befällt«. Wir haben uns auch allesamt rekrutieren lassen für diesen Kampf. Bewaffnet mit Fitnessstudio-Abos, Cremes und Pobürsten. Ich gestehe: Ich habe mich sogar in Frischhaltefolie wickeln lassen (man nennt es »Bodywrapping«), ich habe Unsummen für Lymphdrainagen ausgegeben und konnte mit dem Bürsten und Cremen auch dann nicht aufhören, als die Stiftung Warentest 2009 verkündete, dass alle Anti-Cellulitis-Pasten durchgefallen sind, Prädikat mangelhaft. Bis heute komme ich immer wieder in Versuchung, mich auf die skurrilsten Therapien einzulassen, einfach weil sie neu sind und so revolutionär klingen. Vielleicht auch, weil sie viel Geld kosten und deshalb ja irgendwie wirkungsvoll sein müssen. Oder? Der »heiße Scheiß« in Sachen Cellulitis ist zurzeit die *Kryolyse*. Eine rabiate Methode, bei der mit einem Vakuumgerät Fettgewebe angesaugt und für mindestens eine Stunde runtergekühlt wird, bis die Fettzellen im Eimer sind. Eine Staffel Dellenfreezing kostet 1500 Euro – gut, dass ich schon vor Jahren ausgestiegen bin.

Mein Name ist Lisa Ortgies und ich bin trockene Celluliti-
kerin. Meine Ersatzdroge sind die vielen Frauenzeitschriften
und Lifestyleportale, die ganzseitige Dellenlandschaften ab-
bilden, deren Trägerinnen gerade am Pool dösen oder sich
arglos in ihren Shorts nach vorne beugen, um eines ihrer Kinder auf die Schaukel zu setzen. Ich gebe zu, dass mich diese
Bilder trösten. Und ich bin nicht allein.

Neben den Anti-Cellulitis-Produkten, mit denen jährlich
zweistellige Milliardenbeträge umgesetzt werden, hat sich
eine zweite Branche etabliert: die Cellulite-Paparazzi.

Überall auf der Welt legen sie sich tagelang auf die Lauer, um
Alicia Keys' oder Beyoncés oder Jessica Albas Beine in der Ur-
laubs-Mittagssonne am Strand zu knipsen. Sie werfen sich vor
haltende Limousinen, um den Moment zu erhaschen, in dem
das Polster für einige Sekunden den Schenkel eines aussteigen-
den Promis zusammendrückt. Aus den Schnappschüssen entstehen bis zu zehnfach vergrößerte Orangenhaut-Zooms, die
sich teuer verkaufen lassen und die wiederum den Verkauf
von Cremes, Massagebürsten, Stoßwellen- oder Kälteverfah-
ren usw. befeuern. Ich bin sicher, dass die ungeniertesten unter
den Dellen-Reportern inzwischen direkt von der Kosmetikindustrie bezahlt werden. Bei der Zeitschrift Inside steht der Verdacht im Raum, dass die ganze Redaktion gekauft wurde. Auf
dem Titel sind »Die Dellen-Queens!« abgebildet, unter anderem die Oberschenkel von Kim Kardashian und Amber Rose.
Im Heft geht es weiter mit Alliterationen aus dem Bereich der
Klimakatastrophen und Bauruinen: »Hügel-Horror! Schenkel-
Schande! Furchen-Fiasko! Wabbel-Wellen!«

Seit ich beobachte, dass immer mehr Zeitschriften am
Kiosk liegen, die fast ausschließlich dieses Thema behan-

deln, denke ich darüber nach, ob und wie ich von den Riesenumsätzen profitieren könnte. Vielleicht sollte ich als Dellen-Double arbeiten? Schließlich lasse ich die Orangenhaut nun schon seit einigen Jahren ungestört wuchern und kann einiges bieten: lupenreine, formschön gewellte Cellulitis dritten Grades, die auch ohne Mittagssonne oder Zoom problemlos zu erkennen ist. Man nehme einen vergrößerten Ausschnitt meiner Dellen und setze ihn mit einem Pfeil versehen neben ein Oberschenkel-Porträt von Katherine Heigl – fertig ist die fette Story.

Oder ich lasse mich von der Beautyindustrie als abschreckendes Role-Model einkaufen und lüfte meine Oberschenkel auf Kosmetikmessen – als Beleg dafür, was passiert, wenn man den Kampf gegen die eigene Unterhaut zu früh aufgibt.

Vorstellbar wäre auch eine Kampagne zur Durchsetzung eines Behindertenausweises für Cellulitisopfer. Wäre es nicht fair, wenn wir ungehinderten Zugang hätten zu Freibädern, Parkplätzen oder Fitnessstudios? Könnte man nicht auch über eine Quote in der freien Wirtschaft nachdenken? Um die betroffenen Frauen in die Gesellschaft zu integrieren, und um die typischen Vorurteile gegen Dellenträgerinnen zu bekämpfen, sie seien bewegungsfaul und verfressen?

Ich bin in der glücklichen Lage, diesen Verdacht zurückweisen zu können, einfach qua Alter. Ab 50 wird einer Frau nichts mehr unterstellt, es wird sogar erwartet, dass sie eine profilierte Cellulitis vorweisen kann. Schon damit die Jüngeren eine Chance bekommen, sich positiv abzuheben. (Meine Tochter ist immer wieder versöhnt, wenn sie vorm Badezimmerspiegel neben mir steht ...) Das ist das Mindeste, was Frauen meiner Generation tun können, um wenigstens einen

Teil unserer historischen Schuld an der Erfindung und Verbreitung dieser Scheinkrankheit zu tilgen.

Ich sitze in der Hitze vor der Eisdiele, lasse entspannt meinen Blick über die Schenkelgrübchen und Powellen um mich herum gleiten. Und träume von nordischen Landschaften. Von den Mulden und Senken, die das satte Grün durchzieht. Von Kuhlen und Kratern im moosbewachsenen Grund und von mannshohen Kieselsteinen, die zum Klettern einladen. Wer würde so eine Landschaft gegen einen öden Golfrasen austauschen, wenn er oder sie die Wahl hätte?

PS: Beim Mann sind die Kollagenfasern netzartig ineinander verwoben, sodass sich wachsende Fettzellen nicht hindurchzwängen können. Im Ergebnis bedeutet das: Es schwabbelt zwar, aber es dellt nicht. Trotzdem: Sie sind da! Die Fettdepots. Sie sind nur gut getarnt … Wie wäre es also mit einem Schnelltest für Cellulitis ersten Grades, wie ihn die Bloggerin Sophia vorschlägt? Ungefähr so: Mit einer beiläufig zärtlichen Geste über seinen Oberschenkel streichen, zack, blitzschnell ein paar Zentimeter Haut zwischen Daumen und Zeigefinger klemmen und kräftig zudrücken. Das Ergebnis wird sie überraschen, ihn wahrscheinlich auch. Und schon haben sie eine weitere Gemeinsamkeit und können sich am Wochenende eine gemeinsame Lymphdrainage gönnen oder – in intimen Stunden – gegenseitig den Popo bürsten.

Psycho-Speeddating

Selbsterkenntnis ist der erste Schritt

Um ab einem bestimmten Alter sozial verträglich zu bleiben und die Leidensfähigkeit des Partners nicht zu überfordern, ist ein Minimum an Psychohygiene verpflichtend. Andere zu deprimieren, zu demütigen oder mit Zwanghaftigkeit in den Wahnsinn zu treiben bringt zwar kurzfristig Befriedigung – langfristig macht es eher einsam.

Aus diesem Grund habe ich alle möglichen Crashkurse oder Guru-Treffen ausprobiert, die mich oft erhellt, mir ein paar lebenslange Freunde verschafft oder zu meiner Anekdotensammlung beigetragen haben. Bevor ich mich irgendwann für eine feste Beziehung mit ein und derselben Therapeutin entschieden habe.

Aber ein Psychoseminar am Wochenende birgt immer wieder die Chance, kurzfristig etwas umgänglicher zu werden oder zumindest alle anderen Familienmitglieder erleben zu lassen, wie schön ein paar Tage ohne mich sind.

Zu den Klassikern und *Must-haves* der Szene gehört das Familienstellen. Um gleich alle Therapeuten und Therapierten, die sich schon durch diesen Einstieg vors Schienbein getreten fühlen, zu beschwichtigen: nicht böse sein. Ich weiß, das Familienstellen ist eine der effektivsten und schnellsten Arbeitsweisen, um wiederkehrende Probleme zu lösen. Ich habe selbst davon profitiert und will es auf keinen Fall lächerlich machen. Aber keine Methode ist vor falschen Erwartungen gefeit und keine Gruppensitzung vor der Entgleisung. Vor allem, wenn es sich um Middleager mit psychologischem Halbwissen handelt. Wie mich.

Allen Therapieunerfahrenen sei kurz erklärt, worum es geht:

Der Begriff »Familienstellen« ist ziemlich nah an dem, was in einer solchen Sitzung tatsächlich passiert. Der Klient präsentiert ein Problem, das er bearbeiten möchte, und bringt dazu, im übertragenen Sinn, seine Familie auf die Bühne (oder auch Kollegen oder Freunde), das heißt, er »stellt« sie in den Raum. Die Theorie dahinter geht davon aus, dass es sich bei gegenwärtigen Problemen auch um alte Traumata oder Verstrickungen handeln kann, die unbewusst von Generation zu Generation weitergegeben werden und manchen Menschen wie ein Schatten durch das ganze Leben folgen.

Stellvertreter für die einzelnen Angehörigen sind die Teilnehmer des Seminars, obwohl sie über die tatsächliche Familie des Klienten wenig bis gar keine Informationen haben. Der »Stellende« benennt seine Ersatzverwandten spontan, nach dem ersten Eindruck, und verteilt sie im Raum. Von dort sollen die »Gestellten« berichten, was sie empfinden bzw. was in ihnen vorgeht.

Es ist ein bisher ungeklärtes Phänomen, dass die Stellvertreter tatsächlich die Gefühle unbekannter bzw. schon verstorbener Personen erleben. Entscheidend ist, dass beim »Familienstellen« mitunter tragische Geheimnisse ans Licht kommen – Selbstmorde, Fehlgeburten, Ehebruch mit Folgen –, die auch einer Recherche standhalten. Auf die Frage, wie die Technik funktioniert, haben Experten nicht viel zu sagen, außer der Feststellung, dass die Gabe, sich in andere einzufühlen, zu den herausragenden Fähigkeiten des Menschen gehöre. Aus meiner Sicht ist dieses Talent allerdings nicht in gleichem Maße über alle Individuen verteilt, manchmal reicht es nicht mal für die eigene Person.

Jürgen, mit seinen großen, etwas traurigen Augen und dem graublonden Zopf im Nacken, hebt sofort den Finger, als wir in der Runde besprechen, wer anfangen könnte. Noch vor Kurzem hatte er einen Verkaufsleiterjob bei einem Outdoor-Ausstatter, der Geschäftsführer ist einer seiner besten Freunde. Das heißt, er war es. Damit ist schon mal eines seiner Probleme umrissen. Jürgen weiß, welche Schlafsäcke bei Minusgraden im zweistelligen Bereich warm halten oder wie man verkeimtes Wasser aufbereitet, und er lässt die ganze Gruppe an seinem Sachwissen teilhaben. Irgendwann fragt der Seminarleiter etwas ungeduldig nach, wieso er denn bei all der Kompetenz seine Position los sei, und Jürgen erzählt zögerlich von der neuen jungen Mitarbeiterin, die er genauso ausführlich beschreibt wie die arktischen Schlafsäcke. Und die nicht nur viele Neukunden begeisterte, sondern auch Jürgens Freund, den Geschäftsführer. Kurzum: Am Ende musste Jürgen auf die Freundschaft mit seinem Boss und auf seinen leitenden Posten verzichten und jetzt wüsste er gern, wie es so weit kommen konnte.

Neben mir sitzt Barbara, ungefähr mein Alter, mit ähnlichen Schlafproblemen. Wir tauschen Blicke und unterhalten uns in der Pause über unseren sehr klaren Anfangsverdacht, was Jürgen betrifft – ohne allzu viel Einfühlungsvermögen darauf verschwenden zu müssen.

Nach der Pause muss Barbara auf die Bühne, als Stellvertreterin für die junge Mitarbeiterin, ein Mann soll den Chef und ehemaligen Freund vertreten und einer Jürgen selbst. Nach ihren Gefühlen befragt, zeigen sich sowohl der stellvertretende Exfreund als auch die junge Frau alias Barbara wohlwollend und wertschätzend gegenüber Jürgen. Erst als sich Ersatz-Jürgen direkt der jungen Frau zuwendet, kommt Unruhe in die Runde: »Ich fühle mich zu ihr hingezogen«, outet er sich, »und ich war zuerst da.« Was der richtige Jürgen am Rande des Spielfelds mit einem Verlegenheitslachen und Kopfschütteln quittiert. Die junge Frau geht prompt zwei Schritte zurück in Richtung ihres Chefs, sie »fühlt sich unter Druck gesetzt«. Der »Chef« äußert Ärger und Irritation, sieht sich hintergangen und ändert seine Haltung gegenüber Ersatz-Jürgen. Der unter der doppelten Zurückweisung leidet, aber trotzdem an der jungen Frau dranbleibt: »Du gehörst zu mir.«

Fasziniert beobachten wir alle im Raum die (un)erwartete Wendung in der kleinen Psychosoap. Der korrekte Begriff wäre, frei nach Roger Willemsen, »konträr fasziniert«, denn in den üblichen Voyeurismus mischt sich ein wenig Angstlust, was als Nächstes passieren könnte. Noch bevor wir in Hoffnung auf eine Reaktion zum realen Jürgen hinüberschielen können, grätscht der schon mit einer Schülerlotsenhand über dem Kopf in die Szene: Er fühle sich völlig missverstanden und vorgeführt und überhaupt hätte der Ersatz-Jürgen wohl ein Auge auf Barbara geworfen und die würde sich vielleicht was einbilden auf ihre Rolle als junge Frau, aber eigentlich sei sie dafür sowieso zu alt und deshalb würde das Ganze auch nicht funktionieren.

Barbara desertiert schweigend und widmet Jürgen einen Stinkefinger, während sie langsam und lässig zu ihrem Stuhl spaziert. Der Seminarleiter macht einen letzten Versuch, Jürgen für diese Version der Geschichte zu begeistern: »Es wirft dir doch niemand vor, dass du dich verknallt hast.« Worauf Jürgen in einer dramatischen Geste die Arme in die Luft wirft und etwas lauter wird: »Das ist doch lächerlich!«

Jürgen möchte das Seminar an diesem Punkt beenden, nach seinem Ausbruch wäre er wohl sowieso nicht mehr als Stellvertreter gewählt worden. Es sei denn, jemand hat ein Rumpelstilzchen in der Verwandtschaft.

Am Ende sind wir alle klüger und wurden nebenbei noch einmal daran erinnert, wie bitter es sich anfühlt, unglücklich verliebt zu sein. Egal in welchem Alter. Es hört also nie auf, im Gegenteil. Middleager scheinen Liebeskummer besonders schlecht wegzustecken. Viele entwickeln sogar ein besonderes Faible für emotionale Schräglagen. Um sich instinktiv in Abgründe zu stürzen, zwecks Selbsterfahrung.

Zumindest kommen an diesem Wochenende noch drei andere zermürbend unerfüllte Liebesgeschichten bzw. Eheleben auf die Seminarbretter. Ich bin die Einzige mit einer Kindheitsnummer, komme aber nicht mehr dazu, irgendwas oder irgendwen aufzustellen, weil ich einmal als Gattin und zweimal als Geliebte zum Einsatz komme. Danach sind meine Mit- und überhaupt alle Gefühlsressourcen ausgeschöpft und ich wünsche mir, nie wieder Zeugin eines Untreuegeständnisses sein zu müssen.

Außerdem schreibe ich eine Kalendernotiz, die mich daran erinnern soll, das Smartphone meines Mannes hacken zu lassen.

Das mache ich natürlich nicht.

Aber beim nächsten Wochenendseminar muss ich unbedingt mal am Thema Vertrauen arbeiten. Und hoffen, dass Jürgen sich woanders anmeldet.

Ehe und andere Wahnideen

Die Liebe und der Verstand

Naturgemäß ist Treue ein Thema, das Paare immer intensiver beschäftigt, je länger sie zusammen sind. Manchmal schleicht sich das Thema auch in eine größere Gesprächsrunde, beim Wein. Hinterher wird dann immer versucht zu ermitteln, wer denn eigentlich damit angefangen hat. Um später, zu Hause, beim gemeinsamen Zähneputzen, irgendjemandem die Schuld in die Schuhe schieben zu können, wenn die Unterhaltung aus dem Ruder lief.

Meistens wird man bei solchen Runden Zeuge davon, wie sich ein oder zwei aus dem Kreis besonders echauffieren und andere eher still werden. Unter Umständen hat beiderlei Verhalten denselben Hintergrund, wenn Sie wissen, was ich meine.

Auf jeden Fall ist immer mindestens einer oder eine dabei, der oder die diese Möglichkeit weit von sich weist. Und überhaupt nie auf die Idee käme … weil man für so etwas ja gar keine Zeit habe … einem auch gar nichts fehle … und überhaupt müsse man sich auch mal fragen, was man dem Partner des anderen antue, man selbst möchte doch auch nicht …

Gelegentlich ist das der richtige Zeitpunkt, um zu erwähnen, dass der Prozentsatz derjenigen in der geselligen Runde, die sich schon einmal vorgestellt haben, mit einer anderen Person zu schlafen – und zwar mit einer ganz konkreten anderen Person –, bei 100 Prozent liegt. Natürlich ist damit noch nichts passiert. Schließlich hat sich der ein oder andere vielleicht auch schon vorgestellt, den Telekom-Mitarbeiter im Callcenter mit dem Kabel seines Headsets zu strangulieren, und setzt das auch nicht in die Tat um. Es ist aber ein Hinweis darauf, dass kein Anlass besteht, sich moralisch auf der sicheren Seite zu fühlen. Man wird schließlich nie erfahren, ob es nun Loyalität ist, die manchen vor der Umsetzung seiner Fantasien zurückschrecken lässt, vielleicht ist es auch einfach nur Feigheit. Oder die Einsicht, dass die Fantasie ohnehin viel schillernder ist als eine tatsächliche Affäre:

»Er lag vollkommen reglos im Gras; das offene Hemd enthüllte seine perfekte Brust; ... seine zart lavendelfarbenen Lider waren geschlossen ... Er war eine Statue der Vollkommenheit, gemeißelt aus einem unbekannten Stein, der glatt wie Marmor war und glänzte wie ein Kristall« (aus »Biss zum Morgengrauen« von Stephenie Meyer).

Teenager lieben die »Twilight«-Saga, vor allem aber die Art von Romantik, die dahintersteckt. Für alle, die hinterm Mond leben: Im Kern geht es in dem Buch bzw. Film um einen Vampir und eine Sterbliche, die sich nach endlos langem erotischem Hin und Her von ihrer großen Liebe beißen lässt, damit es überhaupt zu weiteren Intimitäten kommen kann – und um ihre Beziehung für die Ewigkeit zu besiegeln. Damit gehen die beiden ein gutes Stück weiter als der Staat oder die Kirche, denn das Versprechen vor Gott hält maximal, bis der

Tod dazwischengrätscht. Oder andere Widrigkeiten – wie in rund 40 Prozent aller Ehen, die schon davor enden. Diese Art der Belletristik, in der auf Hunderten Seiten jede mögliche Form des sehnsuchtsvollen Verlangens und Sichverzehrens durchgespielt wird, garantiert Millionenumsätze. Ähnlich erfolgreich ist zum Beispiel die Serie um ein Paar, das sich immer wieder auf Zeitreisen begegnet, in Büchern mit funkelnden Titeln wie »Smaragdgrün« oder »Rubinrot«.

Wer an einem norddeutschen oder spanischen Strand vom Wasser aus auf die Buchrücken schaut, die über den Liegestühlen schweben, der stellt fest, dass diese Geschichten ebenso zahlreich von erwachsenen Frauen gelesen werden. Darunter viele Mütter. Warum auch nicht? Nichts Schöneres, als sich unter einer strahlenden Sonne, vor einem Geräuschteppich aus Wellengemurmel und Kindergelächter, in eine Fantasiewelt gleiten zu lassen, in der Teenagerträume fortleben dürfen. Und selbstverständlich kann eine erwachsene Frau zwischen diesen Welten und dem, was sie später beim gemeinsamen Abendessen im Speisesaal des Hotels erwartet, unterscheiden. Schließlich wäre es fatal, die überschäumenden Emotionen in solchen Büchern als Messlatte für die eigene Liebesbeziehung anzulegen. Gemessen an den Geschichten in »Twilight« oder »Rubinrot« oder verglichen mit den Abenteuern der Helden aus Vorabendserien und Blockbustern ist unser aller Liebesleben eine Zumutung.

Aber wie wir alle wissen, nisten diese hyperromantischen Fantasien zwischen den Synapsen und Hirnwindungen und ploppen bei den unpassendsten Gelegenheiten auf. Gemeinerweise wechseln sie dabei ihre Erscheinungsform. Aus Sehnsucht wird Ärger über den eiligen Spitze-Lippen-Kuss zum Abschied. Aus Leidenschaft wird Wut über sein Schnarchen. Oder Verzweiflung angesichts eines Kindes, das nicht schlafen will.

Das Leben mit kleinen Kindern macht glücklich, sehr glücklich, in vielen Momenten. Zugleich ist der Alltag mit ihnen eine einzige Serie von Kränkungen für das erwachsene Ego. Einige Jahre lang müssen sich die Eltern von ihren Bedürfnissen mehr oder weniger verabschieden. Und dabei wiegt jede einzelne Vernachlässigung durch den Partner schwer. Auch wenn beiden eigentlich klar sein müsste, dass oft nur Erschöpfung dahintersteckt.

Es gehört zu den seltsamsten Phänomenen der Liebe, dass wir vor allem den Menschen, die uns angeblich nah und kostbar sind, unsere schlimmsten Seiten zumuten. Das *angeblich* kann ich gleich wieder streichen, wie mir meine Therapeutin erklärt, weil wir uns tatsächlich nur so schlecht benehmen, wenn wir sicher sein dürfen, dass der andere trotzdem bei uns bleibt. Weil wir ihm vertrauen und ihn lieben. Für den anderen fühlt es sich blöderweise an wie das Gegenteil.

Schlechte Laune ist ein Gemisch aus großem Ärger und dem noch größeren Unwillen, dem anderen mitzuteilen, wo der Frust herrührt und was er dazu beigetragen hat. Wenn überhaupt, dann möchte man danach gefragt werden. Und die Antwort verweigern dürfen. Der andere soll sich gedulden, behutsam nachfragen, sich mehrfach zurückweisen lassen, trotzdem dableiben und weiter lieben. Hinter all diesen Gefühlen verbirgt sich der Wunsch nach wortlosem Verstehen. Auch da, wo man sich selbst nicht versteht. Wer schon einmal ein Kleinkind erlebt hat, das vor Wut heulend auf dem Fleck stehen bleibt, weil es der Mutter nicht mehr folgen, aber auch nicht allein bleiben will, der weiß, wovon ich rede.

Wir erwarten von dem oder der Geliebten die Art von Bedingungslosigkeit, die sonst nur die elterliche Liebe kennt. Jeder Wunsch soll von den Lippen abgelesen, jede Träne sogleich getrocknet und jedes Geschrei mit großer Liebe ertragen werden. Ach ja, darüber hinaus und gleichzeitig soll das Sexleben möglichst so laufen wie in den ersten Monaten nach dem Kennenlernen. Und eigentlich soll mich der oder die andere ja auch bei beruflichen Zielen unterstützen, selbst wenn es auf Kosten der gemeinsamen Zeit geht. Weil ihn oder sie doch theoretisch alles glücklich machen müsste, was mich selbst glücklich macht. Oder etwa nicht? Außerdem wäre es schön, wenn er mal seinen Bauch trainiert und sie ab und zu was Nettes unten drunter trägt …

Rational betrachtet muss ein so hoher Anspruch scheitern und mindestens zu riesigen Enttäuschungen führen, aber irrationalerweise gilt es als unromantisch, bei der Liebe den Verstand einzuschalten. Selbst die Politik glaubt an das romantische Ideal der Liebe. So etwas wie Ehegattensplitting fußt auf der Idee, dass ein Paar für immer zusammenbleibt, denn der jeweilige Nicht- bzw. Geringverdiener verzichtet auf Einkommen und Rente und begibt sich in eine lebenslange Abhängigkeit. *Geringverdiener* kann eigentlich auch durch *Frau* ersetzt werden, denn in der überwältigenden Mehrheit sind es die Frauen, die Teilzeit oder gar nicht arbeiten. Was auf die Beziehung eine ausgleichende Wirkung zu haben scheint, denn Ehen in dieser Konstellation halten am längsten. Allerdings habe ich den Verdacht, dass viele Vollzeitmütter mit Teilzeitjob gar nicht so sehr einem Liebesideal folgen, wenn sie an der Ehe festhalten, sondern schlichtem Überlebenswillen. Nach dem neuen Unterhaltsrecht werden sie für den jahrelangen Einkommensverzicht nicht mehr entschädigt, sondern bestraft. Obwohl sie – ebenfalls in der Mehrheit der Fälle – nach der Trennung für die Kinder verantwortlich sind. Meine These wäre, dass diese Umstände einen sehr unromantischen Anteil am Rückgang der Scheidungszahlen haben.

Auf der durchschnittlichen Zeitachse der Langzeitbeziehungen befinde ich mich in meiner Altersklasse vor der zweiten Scheidungswelle. Die erste Welle wird in der Kleinkindphase losgetreten und nährt sich aus dem Umstand, dass die Eltern den Bedürfnisverzicht und die vielen Egokränkungen des Alltags dem jeweils anderen zur Last legen.

Ungefähr ein Jahrzehnt später wird es noch einmal heikel. Man hat die erste Zerreißprobe überstanden, und im Laufe der Jahre gelernt, wie man seine Bedürfnisse unterdrückt, umleitet und wie man im Umgang mit dem Partner Streitanlässe vermeidet. Sind die Kinder aber groß genug, um sich selbst zu versorgen (essen, schlafen, chatten, chillen), dann wird die sorgfältig entwickelte Routine brüchig, und die elterlichen Bedürfnisse schwappen plötzlich wieder an die Oberfläche. Wenn die Kinder nicht mehr kuscheln und sprechen wollen, offenbart sich der Alltag in seiner ganzen Lieblosigkeit.

Was nicht heißt, dass beide gleich oder auch nur gleichzeitig darunter leiden.

Eines der Lieblingszitate meiner Therapeutin stammt von einem vergriffenen Beziehungsratgeber aus den Siebzigerjahren, den man nicht lesen muss, weil der ellenlange Titel schon alles enthält: »Ich dachte, ich hätte eine gute Ehe, bis mir meine Frau sagte, wie sie sich fühlt.« Selbstverständlich kann man in diesem Satz »meine Frau« auch durch »mein Mann« ersetzen.

Viele sind zu Recht stolz darauf, überhaupt bis dahin durchgehalten zu haben. Doch nach 15, 20 Jahren, nachdem das Schlimmste überstanden ist, brechen viele zusammen wie nach einem Marathon. Die Luft ist komplett raus. Aber im Gegensatz zum Marathon folgen »bis dass der Tod euch scheidet« noch ein paar Runden. Manche nehmen für den Rest der Beziehung dann einfach das Ende vorweg und stellen sich tot.

Man kann die Situation eines Paares, das es unter diesen Bedingungen weiter miteinander aushält, auch mit einem Gesetz aus der newtonschen Trägheitslehre auf den Punkt bringen: »Ein Körper verharrt so lange im Zustand der Ruhe oder der gleichförmigen Bewegung, bis er durch äußere Kräfte zu einer Veränderung gezwungen wird.«

Solche Kräfte haben mitunter breite Schultern und ein umwerfendes Lächeln, oder eine lange Mähne und ein anziehendes Dekolleté, manche können auch noch gut zuhören. Sie bringen oft ungewollte Bewegung in die Beziehung und setzen eine ungeahnte Energie frei, während das Paar gleichzeitig versucht, im Ruhezustand zu verharren.

Man muss bei den Lebensmitte-Paaren nicht lange recherchieren, um festzustellen, dass vielen irgendwann die heile Ikeawelt um die Ohren fliegt. Aus den Trümmern lässt sich allerdings eine Menge basteln. Man muss nur offen sein für kreative Lösungen. Eine willkürliche Auswahl von erlebten Beispielen lässt darauf schließen, dass die Welt hinter den Reihenhausfassaden viel aufregender ist, als die Vorstadtidylle vermuten lässt:

1) Zwei befreundete Paare gehen über Kreuz fremd, wohl ahnend, dass der eigene Partner irgendwas laufen hat, aber

nicht ahnend, dass es sich um die Frau bzw. den Mann der eigenen Geliebten bzw. des eigenen Geliebten handelt. Eines Tages werden beide Paare bei einem gemeinsamen Ausflug der Familien von den spielenden Kindern beobachtet und am späteren Abend entlarvt, weil die Kinder – kreativ wie sie eben sind – die Hinterm-Busch-Szenen in einem improvisierten Theaterstück nachspielen.

2) Der Ehemann betrügt seine nichts ahnende Frau mit einer verheirateten Kollegin, die schon mehrere andere verheiratete Kollegen ausprobiert hat. Die Sache fliegt auf, der Ehemann kehrt reumütig zu seiner Frau zurück, verspricht hoch und heilig, sich von anderen Frauen fernzuhalten, und startet wenig später erneut ein Doppelleben. Diesmal mit einem Mann.

3) Sie hat jahrelang einen Lover, zieht sich langsam aber sicher aus dem gemeinsamen Schlafzimmer zurück und wartet geduldig, bis er aus Frust einen Seitensprung wagt, um ihn sofort rauszuwerfen, die Scheidung einzureichen und den Geliebten so schnell wie möglich einziehen zu lassen.

Die Aufzählung lässt sich beliebig fortsetzen. Es gibt Paare, die sich trennen, aber für die Kinder unter einem Dach wohnen bleiben und außerhalb des gemeinsamen Hauses außereheliche Beziehungen pflegen. Frauen, die, mit Erlaubnis des erektionsmüden Mannes, regelmäßig einen Swingerclub besuchen. Und Männer, die ihrer Frau grünes Licht geben für einen Urlaub mit dem alten Schulfreund, weil sie selbst ein festes Escortgirl beschäftigen – und aus dem Familieneinkommen bezahlen. In allen Fällen handelt es sich um mehr oder weniger erfinderische Versuche, den Schein der exklusiven und romantischen Zweierbeziehung so lange wie möglich zu wahren. Und sich trotzdem ein paar Freiheiten zu gönnen.

Mittelalte Langzeitpaare mit Kindern haben oft eine lange erotische Abstinenz hinter sich. Was nicht heißt, dass sie keinen Sex mehr haben (obwohl auch das vorkommt), sondern dass sich dieser Sex eher an den Kompromissen und Zeitplänen einer Familie orientiert und selten an Tagträumen, geheimen Wünschen oder an der Abenteuerlust der Beteiligten. Die Mütter meiner ehemaligen Krabbelgruppe sprechen von der »praktischen Nummer für den Hausgebrauch«. Ein Ehegelübde oder das *Commitment* einer langjährigen Beziehung enthält deshalb auch das unausgesprochene Versprechen, solche Enttäuschungen und Durststrecken tapfer zu ertragen: »An guten wie an schlechten Tagen, bei gutem wie bei schlechtem Sex«.

Millionen von Frauen haben beschlossen, dies nicht länger hinzunehmen, nachdem sie »Fifty Shades of Grey« gelesen haben. Einen Sadomaso-Roman für Blümchensexler. Nach dem Erscheinen ist der Verkauf von Kabelbindern in Baumärkten auf der ganzen Welt sprunghaft angestiegen. Gut möglich, dass dieses Buch bei Millionen von Paaren ein längst erloschenes Feuer neu entfacht hat. Zeitgleich hat sich allerdings die Zahl der Sexunfälle erhöht, zu denen die Feuerwehr gerufen werden musste. Ich weiß von einem Fall, in dem ein Mann einen ganzen Tag lang an das Bettgestell gefesselt blieb, weil die Kita mittendrin anrief, das Kind zum Arzt musste und seine Frau ihn darüber schlichtweg vergessen hatte.

Eine gewisse Schmerzbereitschaft kann einer langen Beziehung also durchaus guttun, aber um das Begehren wachzuhalten, reicht vielleicht auch eine neue oder andere Wahrnehmung.

Die belgische Psychotherapeutin und Bestsellerautorin Esther Perel (»Erotische Intelligenz«) hat Tausende von Menschen dazu befragt, in welcher Situation sie sich am meisten zu ihrem Partner hingezogen fühlen. Im Kern gleichen sich fast alle Antworten über die Kontinente, Ethnien, Religionen und Altersstufen hinweg:

»Wenn er (oder sie) nicht da ist.«

Und außerdem:

»Wenn ich sie bei der Arbeit erlebe.«

»Wenn ich sie auf einer Party beobachten kann, umringt von Menschen, die ihr bewundernd zuhören.«

»Wenn er von einer anderen Frau angesprochen wird.«

»Wenn wir uns nach einer Dienstreise wiedersehen.«

Sehnsucht scheint vor allem dann zu entstehen, wenn wir den anderen aus einer angenehmen Distanz betrachten, wenn er oder sie in seinem oder ihrem Element ist oder besonders bei sich selbst, vertieft in etwas, das ihn oder sie fasziniert, im Flow. Etwas, das der andere vielleicht nicht versteht, nicht verstehen muss. Perels Forschung stellt die Frage: *»Can we want, what we have?«* – »Können wir wollen, was wir haben?«

Im Familienalltag ist so eine Distanz kaum herzustellen. Im Gegenteil. Wer gemeinsam Nächte mit Babygeschrei, Durchfallerkrankungen und Ohreninfektionen, entzündeten Stillbrüsten, Ferienstaus, Fahrradunfällen und Wohnungsrenovierungen überstanden hat, weiß, wie nah man sich kommen kann, ohne es irgendwie zu genießen …

Im Detail: Der Versuch, Erbrochenes aufzufangen, das von einem Hochbett tropft, kann zusammenschweißen, aber danach reißt man sich nicht die Klamotten vom Leib, um übereinander herzufallen, sondern um zu duschen. Allein.

Wie schafft man es, in den anderen etwas hineinzugeheimnissen, das ihn auch nach 20 Jahren noch anziehend macht? Vielleicht indem man ihm oder ihr tatsächlich ein Geheimnis lässt?

Die harmlose Variante dieser Strategie ist bei langjährigen Paaren beliebt, die das Risiko klein halten wollen. Eine interne Absprache, die das Verhalten beider Partner auf Partys, Kurztrips oder den selten gewordenen Clubhoppingabenden betrifft, wenn jeder allein unterwegs ist: »Knutschen ist erlaubt.« Nicht, dass so etwas häufig oder überhaupt vorkäme, aber die Option an sich verleiht dem Alltag etwas Prickelndes. So erklärt es mir ein durchtrainierter Eventmanager, der mit seiner Handballmannschaft jedes Jahr für ein Wochenende an die Küste fährt, wo sich die Gäste der nahen Rehakliniken in einem Tanzschuppen unter die jung gebliebenen Touristen mischen. Bei Durchsicht der Handballmannschaft fällt auf, dass die Vereinskollegen fast alle einen unübersehbaren weißen Streifen am Ringfinger tragen. Aber auch von Weitem, ohne dieses verräterische Detail, sehen die Männer außerordentlich verheiratet aus. Und etwas ungeübt. Die Outfits sind familienurlaubkompatibel: viel *outdoor*, wenig *skinny look*. Wenig Hipsterbärte, viel Dreitagebart. Man steht in kleinen Grüppchen zusammen und traut sich auch nur zu dritt auf die Tanzfläche. Irgendwie süß. Finden auch die tanzenden Frauen, die sich unauffällig einen Weg zu den Handballjungs bahnen. Da geht was. Der Eventmanager trägt Ehering und schaut sich um. Nach Frauen mit Ehering: »Damit die Rahmenbedingungen gleich geklärt sind.«

Beim Knutschen handelt es sich ja um eine eher unreife, üblicherweise bei Teenagern anzutreffende Variante des Küssens, überfallartig, stundenlang, sodass sich noch während des Knutschens neue Barthaare bilden, die zu unverkennbaren Abschürfungen am weiblichen Gesicht führen. Knutschen hat oft keinen klaren Anlass. Mit 15 wie mit 50 sehr beliebt, um einem Gesprächshänger vorzubeugen. Knutschen als Selbstzweck und nicht als Vorspiel offenbart die Sehnsucht nach einem kurzen, risikolosen Ausstieg aus einem Familienleben mit all der Verantwortung, den Ordnern mit Kontoauszügen und den Geburtstagen der Schwiegereltern. Ein legitimer Wunsch. Der zu peinlichen Szenen führen kann. Die man sich aber unbedingt verzeihen sollte. Solange niemand ein Handyvideo dreht, bleibt alles unter uns und man kann später, beim Steuerunterlagen-Sortieren oder beim Wochenendeinkauf, ab und zu nach innen schmunzeln.

Das Blöde an der Treue ist: Es gibt sie nur in Schwarz oder Weiß. Treu oder nicht treu. Manche treten deshalb die Flucht nach vorne an und versuchen es erst gar nicht. »Ich glaube nicht, dass es natürlich ist, monogam zu leben«, behauptet die in zweiter Ehe verheiratete Schauspielerin Scarlett Johansson. Sie ist nicht die Einzige. In urbanen, mehr oder weniger alternativen Milieus liegen Mehrfachbeziehungen derzeit so im Trend, dass sie bald als das neue »normal« gelten könnten. *Polyamorie* ist keine Neuauflage der freien Liebe der Siebzigerjahre, wo aus politischer Überzeugung fremdgevögelt wurde. Es sollen tatsächlich mehrere Menschen auf Dauer und gleichberechtigt geliebt werden – seelisch und körperlich. Die Paartherapeutenpraxen füllen sich mit Paaren, die sich beraten lassen, weil sie ihre Zweierbeziehung für andere öffnen möchten. Das kann man verrückt finden. Zieht man aber in Betracht, wie viele Frauen und Männer, über alle Kontinente und Kulturen hinweg, in puncto Treue versagen, dann könnte man eher das Ideal einer lebenslangen Ehe als Wahnidee bezeichnen.

Einfacher als mit einer einzigen Paarbeziehung wird es jedoch nicht: Zwei oder gar drei feste Beziehungspartner gleichzeitig bedeuten im Alltag einen Zeitaufwand, der sich mit einem durchschnittlichen Achtstundenjob kaum vereinbaren lässt. Ganz zu schweigen von Kindern. Oder Freunden.

Und außerdem: Wie verhindert man Eifersucht, wenn der Partner sich für den anderen mehr Zeit nimmt, trainiert, plötzlich Reizunterwäsche kauft oder Veganer wird? Was darf der Partner über den Zweiten oder Dritten preisgeben – Oralsex ja oder nein, wie viel verdient sie oder wen wählt er? –, ohne die Privatsphären zu verletzen? Oder sollen alle über jeden Bescheid wissen? Und wenn am Ende alle zusammen eine Wohnung mieten, wer ist Hauptmieter? Bei welchen Paaren sollen Kinder entstehen, und werden die dann von allen großgezogen? Wie erklärt man das den Eltern? Käme die Mutter mit mehreren Schwiegersöhnen klar? Was tun, wenn sie einen besser findet als die anderen? Wer von den vielen Partnern soll mit zur Taufe der Nichte? So ein Buffet kostet Geld, und da zählt jede Person. Meine Verwandten würden sich weigern draufzulegen.

Angesichts der Fragen und Investitionen, die sich bei zwei Partnern ebenfalls verzweifachen, halte ich es für durchaus rational, sich mit etwas Fassade oder Langweile abzufinden. Und ich glaube nicht, dass mein Herz diese Anstrengungen überstehen würde. Falls sich der Trend zur neuen Norm entwickelt, überlege ich es mir noch mal …

Egal, mit welcher Strategie Sie sich die Zeit bis zur Ehekrise vertreiben, vielleicht hilft es zu wissen: Wir heiraten immer den Falschen oder die Falsche. Dass es der Richtige ist, weiß man erst, nachdem ein paar ernsthafte Krisen überstanden sind. Oder? Wir heiraten immer zu früh. Wirklich bereit für die Ehe sind wir erst, wenn wir die schlechten Tage überlebt haben und wissen, womit wir auch in Zukunft leben müssen. Oder, wie meine Tochter es ausdrückt: »Ihr seid verheiratet. Kommt klar.«

Dschungeltrommeln

Mein Herz (V)

Meine Leber ist still, sehr still. Als wäre sie beleidigt. Egal wie intensiv ich meine Innereien belausche, keine Antwort. Seit einer halben Stunde versuche ich, irgendein anderes Organ zu finden, und sei es nur ein Darmabschnitt, das bereit und in der Lage wäre, dieses verdammte Herz zu übertönen. Das gerade meinen gesamten Körperinnenraum ausfüllt, von oben bis unten. Mit jedem Herzschlag wölbt sich die Halsschlagader beim Tasten meinem Finger entgegen. Mein Brustkorb fühlt sich an, als wäre darunter ein Fötus wach geworden, der sich mit beiden Beinchen gegen den Thorax stemmt. Mein Puls pocht hinter den Augen, in den Armgelenken, neben dem Bauchnabel, in der Leiste und in den Knien.

#höraufdeinherz. Das tue ich. Ich bin ganz Ohr. Man muss mich nicht anschreien. Schon gar nicht ohne Grund. Ich habe nichts getan! Ich war früh im Bett, nach einer Kanne Melissentee und mit einem Geschichtsroman, über dem mir die Augen zugefallen sind. Jetzt ist es vier Uhr morgens, ich liege stockstarr im Bett und bin so wach, als hätte die Feuerwehr gerade die Tür eingetreten. Und meine Lunge pumpt, als zögen die ersten Rauchschwaden direkt an meiner Nase vorbei.

So etwas kommt jetzt öfter vor. Mein Herz wacht vor mir auf und täuscht einen Bungee-Sprung vor. Oder die Kollision mit einem Lkw. So was in der Art. Beim zweiten und dritten Mal bin ich nach diesen Anfällen noch zum Kardiologen gefahren. Jedes Mal wurde ein Enzymtest gemacht, um zu sehen, ob es am Herzmuskel irgendeinen Schaden gibt, der auf einen Infarkt schließen lässt. Alles sauber. So wie mein EKG, der Blutdruck und die Ultraschallbilder meines Herzens. Inzwischen bleibe ich eine Weile liegen und warte, bis eine Magnesiumtablette den Puls etwas runterregelt, mit dem Rest meiner Unruhe stehe ich auf und mache mich an spaßfreie Aufgaben, die ohne viel Atmen auskommen und möglichst wenig Hirn erfordern. Oder ich heule.

Meine Therapeutin hat mir beigebracht, wie man effektiv heult. So, dass sich nichts aufstaut, was wiederum zu einem Problem werden könnte. Das Kinn muss dabei locker bleiben, und es hilft, wenn man im Takt leise Laute von sich gibt. Es ist wichtig, zwischendurch tief Luft zu holen und vielleicht die passende Musik auf dem Smartphone bereitzuhaben. Ich empfehle den Soundtrack zu einem Film, bei dem man schon einmal im Kino geweint hat. »American Beauty« zum Beispiel. Weinen entlastet und schont das Herz. Was in meinem Fall umgekehrt bedeutet, dass ich in den letzten Jahrzehnten entschieden zu wenig Tränen vergossen habe. Im Moment übertreibe ich es vielleicht ein wenig, aber ich habe auch einiges nachzuholen. Wenn Sie mich also irgendwo heulend antreffen sollten – bitte nicht stören.

Normalerweise entzieht sich der Herzschlag unserer eigenen Wahrnehmung. Dass er bei mir zeitweise in den Ohren dröhnt, zeigt, dass von meinen Herzgeschichten wohl doch eine Klatsche hängen geblieben ist. Eigentlich verfügt das Hirn sogar über eine spezielle Filterfunktion, in der sogenannten Inselrinde, die dafür zuständig ist, irritierende Innengeräusche einzusammeln, bevor sie die Wahrnehmungsgrenze überschreiten. Exakt in dem Moment, in dem das Herz kontrahiert, regeln die Synapsen die Lautstärke nach unten. Sodass wir das eigene Herz nicht dauernd schlagen hören. Coole Sache. Bei mir ist anscheinend der Regler kaputt.

Deshalb versuche ich es mit anderen Tricks: Wie die Forscher ebenfalls entdeckt haben, muss die Filterfunktion erst gar nicht einspringen, wenn wir etwas wahrnehmen, das mit unserem Herzschlag synchron geht. Wenn mir also das Herz sowieso schon bis zum Hals schlägt, gehe ich in meine Playlists und suche den passenden Beat. Im Moment ist das ein Britpop-Album, die Band heißt British Sea Power. Oder »Chemistry« von Arcade Fire. Der Takt entspricht einer Herzrhythmusstörung. Ich strecke die Arme in die Luft, das öffnet schon mal das Herzchakra, und wenn meine Puste es zulässt, schunkle ich ein wenig durch die Küche.

Man kann auch Tanzen und Heulen kombinieren. Das wirkt am schnellsten. Vielleicht könnte ich auf dieser Basis eine neue Herztherapie entwickeln und eine Selbsthilfegruppe gründen?

Ich habe Muße für solche Überlegungen, weil sich die Zeit, die ich mit Warten verbringe, vervielfacht hat. Der erste Check-up nach meinem letzten »Ereignis« findet in der Herzambulanz des Krankenhauses statt, in dem ich als Notfall gelandet war. Der überfüllte Wartebereich erstreckt sich über die halbe Empfangshalle. Es werden Stühle von den Stationen herbeigeschafft, damit alle Patienten sitzen können.

Ich würde zu gern im Detail wissen, was genau bei den vielen Herzen um mich herum defekt ist. Es gibt viele Routiniers, die mit leiser Telefonstimme knappe Zwischenstände an die Familie weitergeben: »EKG hatte wieder einen Schlenker, jetzt gibt's ein Stress-Echo.« Die Newcomer wie ich sitzen mit dem Überweisungsschein in den etwas verkrampften Händen auf ihrem Platz und starren vor sich hin. Oder schauen sich um.

Keine Ahnung, wie viele Stunden ich in meinem bisherigen Leben in Wartezimmern herumgesessen habe, in der Summe wahrscheinlich mehr als eine Woche, aber bisher habe ich noch keine fünf Minuten damit verbracht, andere Patienten zu beobachten. Ich war immer damit beschäftigt, die Wartezeit möglichst sinnvoll zu gestalten: lesen, Notizen machen, vor der Tür kurz telefonieren und seit einigen Jahren simsen, mailen, Facebook, Twitter und WhatsApp. Menschen, die in einem Warteraum rumsitzen und andere beobachten, waren für mich solche, die durch ihre Krankheit aus allen anderen Abläufen herausgefallen waren. Die dadurch wahrscheinlich keinen Job und oft auch keinen Alltag mehr hatten. Und deren Blick einem unangenehm war, weil er einem klarmachte, wie schnell man gezwungen sein könnte, die Seite zu wechseln.

Ich habe mir eingebildet, dass diese chronisch Kranken alle anderen mit einem vorübergehenden Problem neidisch betrachten und darüber nachdenken, wie schön es wäre, nach dem Arzttermin in ein durchschnittliches Leben zurückzukehren. Mittag essen, mit den Kindern Hausaufgaben machen oder an den Schreibtisch zurückeilen, weil das Team sich trifft oder ein Abgabetermin drängt.

Ich fange an, mich zu fragen, zu welcher Gruppe ich gehöre. Bis vor einer halben Stunde wollte ich zum Mittagessen noch eine Kollegin treffen. Das ist seit neun Uhr der dritte Termin, den ich verschieben musste, weil ich Teil einer kleinen Menschenmenge bin, die vor einem Flur mit den verschiedenen Diagnosegeräten Schlange sitzt. Und wartet.

Inzwischen sind es fünf Stunden, unterbrochen von einem EKG, einem Ultraschall und einem Belastungskardiogramm. Rechts von mir sitzt ein Mann im Rollstuhl, der sich gegen seinen mitgebrachten Infusionsständer lehnt. Die Wangen sind eingefallen, der Bauch ist grotesk angeschwollen. Er muss jeden Satz mehrmals unterbrechen, damit er in die kurze Spanne zwischen zwei Atemholern passt: »Jetzt geht es … auf die Mittagszeit zu … von so 'ner Infusion … wird man aber … auch nicht satt …« Die Frau links von mir bietet ihm aus ihrer Verpflegungsbox einen Apfel an, den er mit einem Lächeln ablehnt, während er nach Luft schnappt. Sie ist mindestens zehn Jahre jünger als ich und hat einen angeborenen Herzklappenfehler. Auf ihrem iPad kann ich das Anmeldeformular zu einem Halbmarathon ausmachen.

Je länger ich hier sitze und warte, desto schwerer fällt es mir, mich selbst wichtig zu nehmen. Wichtig genug, um irgendetwas einfordern zu dürfen. Oder auch nur zu erwarten. Ich schaue noch mal auf meine Liste mit Fragen.

Irgendwann holt mich eine junge Ärztin aus dem Warteraum und bestätigt, was mir nicht neu ist: dass meine Befunde mehr oder weniger unauffällig seien. Ich will wissen, ob sie vielleicht die Katheter-Aufnahmen meines ersten Notfalls in

New York mit denen aus Deutschland verglichen hat? Ob es sein könnte, dass ich gar keine verstopfte Ader hatte, sondern nur eine spontane Entzündung? Ist es möglich, dass ich einen Herzkrampf *und* einen Infarkt hatte, so kurz hintereinander? Oder wäre es denkbar, dass es in beiden Fällen Spasmen waren, die meine Herzwand lahmgelegt haben, und dass sich das wiederholt?

»Ich … könnte sein … das kann ich Ihnen nicht sagen … eher unwahrscheinlich, aber wer weiß … äh, diese Frage habe ich jetzt nicht verstanden.« Genau genommen lasse ich ihr kaum Zeit zu antworten, bis sie schließlich ausspricht, was wir beide denken: »Ich kann Ihre vielen Fragen nicht beantworten. Ich bin nur Assistenzärztin.« Ich bin ihr dankbar für so viel Ehrlichkeit und nehme genauso dankbar das Angebot an, die Oberärztin zu holen.

Die sitzt wenig später mit verschränkten Armen vor mir und erklärt in dem schleppenden Ton, in dem manche Ärzte mit medizinischen Laien sprechen, warum ich zwei Stents bekommen habe. Was ich schon beim ersten Mal verstanden habe, wie ich anmerke, aber sie war noch nicht fertig mit ihrer Erklärung und wechsel nun in einen kardiologischen Fachjargon, bei dem ich jeden dritten Satz nicht verstehe. Meine vielen Fragen quittiert sie mit einem Lächeln, das zu dem schleppenden Tonfall passt, und holt dann tief Luft: »Wissen Sie, Sie müssen sich vielleicht damit abfinden, dass Sie nie genau wissen werden, was da wirklich passiert ist. Am besten, Sie halten die Risikofaktoren klein – nicht rauchen, Cholesterin niedrig halten, viel Bewegung, Übergewicht vermeiden.«

Ich rauche nicht, gehe viermal die Woche joggen, mein Essen hat mehr Vitamine, ungesättigte Fettsäuren und Spurenelemente als Kalorien und vielleicht hat sie es übersehen: Ich liege mit meinem Gewicht im Moment eher unter der Norm für meine Größe als drüber. Zumindest ist es mehr als eine Kleidergröße weniger als vor dem Infarkt.

Nicht weil ich Diät gehalten hätte, sondern weil es Angst macht, wenn das Herz verrücktspielt, und noch mehr Angst, wenn man nicht genau weiß, warum und was man tun kann, um es zu verhindern. Und weil diese Angst den Magen zuschnürt. Auf jeden Fall gehe ich mit etwas mehr Angst aus dem Gespräch, als ich zur Untersuchung mitgebracht habe. Aber wofür habe ich meine Therapeutin …

Zumindest arbeitet die Zeit für mich. Besser gesagt: der Zeitgeist. Es gibt eine neue und junge Disziplin, der ich mich gern für Forschungszwecke zur Verfügung stellen würde: Die Psychokardiologie hat herausgefunden, dass besonders jene Menschen infarktgefährdet seien, die es nicht schaffen, Nein zu sagen, und die dazu neigen, sich schnell zu ärgern.

Ich werde mich also nicht über diese Oberärztin ärgern, ich werde mich nicht ärgern, werde ich nicht …

Ich werde weiter auf mein Herz hören. Und abwarten, ob vielleicht auch mal ein anderes Organ antwortet.

Die Labskaus-Diät

Wenn Fotos satt machen

Nichts ist unglaubwürdiger und lächerlicher als eine Moderatorin, die behauptet, sie würde jetzt regelmäßig joggen und hätte ohne sonstige Anstrengung ein bis zwei Kleidergrößen verloren.

Ich spreche von mir.

Eine solche Behauptung bewegt sich auf dem Niveau von defensiven Schauspielerinnen-Statements zu ihrer – für jeden Idioten sichtbaren – plötzlichen Verjüngung: »Danke! Ich trinke mindestens drei Liter Wasser am Tag und schlafe sehr viel.« Das mit dem Trinken habe ich sogar mal ausprobiert. Ich musste das Experiment vorzeitig abbrechen, weil ich durch die vielen nächtlichen Klogänge nicht mehr zum Schlafen kam.

Trotzdem: Rund zehn Kilo sind runter. Bei mir. Wie und warum, in dieser Reihenfolge, wollen fast alle wissen. Ich habe meistens irgendetwas von dem Heißhunger auf Schokolade erzählt, der plötzlich verschwunden ist, und dass ich einen neuen Bewegungsdrang habe. Stimmt alles: seit mein Herz diesen Aussetzer hatte, sind eine Menge Dinge passiert. Das ist aber nur die halbe Wahrheit.

Ich habe neuerdings ein Magenband. Ein Angst-Magenband. Weil ich nicht an allen, aber an vielen Tagen zwanghaft daran denken muss, wie es sich anfühlt, wenn die Brust mit Feuer geflutet wird und die Panik den Atem abschneidet. Und ob genau das vielleicht in der nächsten Nacht passiert. An diesen Tagen kriege ich keinen Bissen runter. Ganz einfach.

Keine Ahnung, ob daraus ein chronischer Zustand wird, im Moment liege ich bei Kleidergröße 38. Auf die Waage gehe ich nur im Krankenhaus, es gibt Dinge, die mich zurzeit mehr beschäftigen. Aber eigentlich habe ich immer nur in Kleidergrößen gerechnet. In den Schwangerschaften und in der Stillzeit bin ich teilweise auf Größe 46 hochgeschnellt, ein halbes Jahr später bei 42 wieder aufgeschlagen und habe diese Figur 13 Jahre lang bis zu meinem Aufenthalt im New Yorker University Hospital gehalten.

Nun habe ich ein Imageproblem, weil manche Zuschauerin sich angeblich verschaukelt fühlt. Die Redaktionsleiterin berichtet: »Viele sagen, das ist nicht mehr meine Lisa.« Ich kann sie verstehen, mir wäre es anders auch lieber.

Wie es aussieht, haben sich die Fans der Sendung auf meine Größe 42 verlassen, weil sie sich entweder a) in ihrer eigenen Vollschlankheit bestätigt sahen oder b) jede Woche freuen konnten, dass sie schlanker sind als die Moderatorin im Fernsehen. Beiden Gruppen habe ich mit meinem Gewicht als Vergleichsgröße für den deutschen Frauendurchschnitt gedient. Während sich manche Kollegin auf anderen Kanälen laut vertraulicher Selbstauskunft »hauptsächlich von Ananas« ernährt. Obwohl sie auf Instagram voll zuschlägt.

Seit Heidi Klum vor laufender Kamera Schokolade verzehrt hat (oder braun angemaltes Knäckebrot), um Gerüchten zu begegnen, wonach sie ihre »Mädels« zur Magersucht erziehe, ist Instagram voll von ähnlichen Statements:

Zu sehen sind gestählte junge Sixpack-Frauen, *Size Zero*, die sich einen riesigen Chocolate-Chip-Cookie zwischen die gebleachten Zähne halten. Als würden sie im nächsten Moment herzhaft zubeißen und die 500 Kalorien hemmungslos wegmampfen. Die Betrachter des Bildes werden nie erfahren, ob dieser Keks tatsächlich jemals gekaut und verdaut wurde. Die Mimik des abgebildeten Models lässt Zweifel aufkommen, denn die Augen der jungen Frau sind angststarr geweitet und an der Stelle, wo der Mund den Keks berührt, ist die Lippe vor Ekel nach oben gerollt. Kurzum, ihr Gesichtsausdruck vermittelt mühsam gezügelte Panik angesichts der Aussicht, auch nur eine Kalorie des Megakekses aus Versehen über die Mundschleimhäute aufzunehmen. Nicht mal für 10 000 Likes. Verdächtig ist auch der Text darunter: die Nahrungsliste eines Tages – inklusive Burger, Milchshakes und Pancakes –, die sich grob geschätzt auf 4000 Kalorien pro Tag beläuft. Aber wie ich ein paar Posts weiter unten erfahre, habe ich den Trend dahinter bisher nicht mitbedacht: Gegessen wird nur an jedem zweiten Tag.

Aus genannten Gründen ist das bei mir unfreiwillig sowieso der Fall, unabhängig von Trends. Aber es ist nicht so, dass ich im Laufe der Jahre nicht die eine oder andere Idee ausprobiert hätte, um den Appetit zwischen den Mahlzeiten etwas zu dämpfen. Vorzugsweise jene Methoden, die irgendwo als Wissenschaftsmeldung auftauchen. Eine Medizinerin und Ernährungsexpertin der Oregon State University stellt fest, dass Menschen »zwar nicht lügen, wenn sie beim Arzt gefragt werden, was und wie viel sie gegessen haben«, aber sie neigen dazu, ihre Gewohnheiten drastisch zu beschönigen. Die Ärztin jedenfalls hat ihre Patienten gebeten, über den Tag alles zu fotografieren, was sie zu sich nehmen. Mit dem Ergebnis, dass viele entsetzt waren, welche Mengen an Lebensmitteln – und zudem von fragwürdiger Qualität – zusammenkamen, und zwangsläufig weniger gegessen haben. Das Selbstekel-Prinzip. Bei mir ist der Foodselfie-Versuch aus zwei Gründen gescheitert:

Erstens habe ich eine Vorliebe für deftige Eintöpfe, die selbst in der besten Smartphonekamera aussehen wie Vogelkot oder Erbrochenes. Ich fing an, Wirsingeintopf und Labskaus mit den Augen eines Fremden zu betrachten – und habe beschlossen, mir nicht selbst meine Lieblingsspeisen madig zu machen.

Zweitens war ich immer wieder peinlichen Situationen ausgesetzt, weil ich mich mit einem allzeit gezückten Handy bei der Currywurstbude oder dem Bäcker um die Ecke dem Hohngelächter der anderen Gäste auslieferte. Ich wurde für einen der vielen *Food-Porn*-Anhänger gehalten, die nach dem Prinzip »Meine Auster, mein Auflauf, mein Aprikosensorbet« alles posten, was sie als Hobbykulinariker ausweist. Mit dem Unterschied, dass ich eine Currywurst oder ein Mettwurstbrötchen unterm Sucher hatte.

Ich glaube auch nicht unbedingt daran, dass das Auge immer mitisst, denn dann könnte auch eine Portion Quinoa durch entsprechende Dekoration zu einem Hochgenuss werden. Ich habe nichts gegen Quinoa. Angeblich sind die Körner eiweißreicher als viele Getreidesorten und sie enthalten auch mehr Vitamin E und Kalzium. Meinetwegen. Aber ich möchte offen darüber sprechen dürfen, dass das Zeug nicht nur aussieht wie Styroporkugeln, sondern auch so schmeckt.

Am Beispiel von Quinoa ist mir klar geworden, dass etwas schiefläuft. Zwischen den Geschmackspapillen auf unserer Zunge und dem Belohnungssystem in unserem Kopf. Auf dem Weg vom Mund zum Hirn funken die absurdesten Ideologien und Glaubenssysteme dazwischen. Noch nie haben sich so viele Menschen so akribisch mit Essen beschäftigt. Und können gleichzeitig überhaupt nichts mehr genießen. Ein Innsbrucker Mediziner hat dafür den Begriff »Foodmentalismus« geprägt. In einer chaotischen Welt, die (sich) vor unseren Augen zerbröselt, gibt es nur noch eins, was das Leben sinnvoll strukturieren kann: gute und böse Lebensmittel.

Lactosefreie Darmpilze und andere Freunde

Allergien für Anfänger

In meiner Kindheit auf dem Land kam die Milch tatsächlich aus dem Euter der Kühe nebenan. Wenn sie in einer großen Blechkanne auf einem Bollerwagen bei uns ankam, war sie noch warm. Vieles von dem, was auf den Teller kam, war unter Nachbarn getauscht worden: Kohlebriketts aus unserem Landhandel gegen Kartoffeln oder eine Schweinelende vom benachbarten Hof. Das Gemüse war voller Erdklumpen, und eine frische Möhre wurde vor dem Verzehr notdürftig abgewischt. So manche Pflaume haben wir direkt vom Ast gegessen, inklusive Wurm. Zwischen Mühle und Lagerhalle streunte eine nie ganz geklärte Zahl wilder Katzen umher, die wir verfolgt und beschmust haben, wir haben unzählige tote Vögel begraben – und gegen einen kleinen Wetteinsatz haben wir aus Pfützen getrunken. Ich denke, ich habe mehr Antikörper gegen alles Mögliche im Blut als die Gesamtheit aller Krippenkinder in meiner neuen Heimat Hamburg.

Trotzdem habe ich mir vor einigen Jahren eine Lactoseunverträglichkeit zugelegt, allein schon, um mich meiner urbanen Peergroup weiter anzugleichen. Praktischerweise hält sie mich davon ab, Milcheis oder Schokolade zu naschen – beides gehörte bis dato zu meinen persönlichen Grundnahrungsmitteln. Da sich so eine Unverträglichkeit nie zweifelsfrei nachweisen lässt, bin ich der Empfehlung meiner Hausärztin gefolgt und habe beobachtet, was passiert und was nicht passiert, wenn ich Milch zu mir nehme.

Milch macht mich müde. So müde, dass ich nach einem großen Vanilleeis bei einem Verwandtenbesuch die nächstbeste Autobahnraststätte anfahren musste, um nicht einen Sekundenschlafunfall bzw. das Leben meiner Kinder zu riskieren. Ich wüsste gern, warum mein Körper sich plötzlich schwertut, Lactose zu verdauen – angeblich ein Enzymmangel, der erst im Erwachsenenalter auftritt. Ich finde es bemerkenswert, dass meine eigene Milchverdauung ins Stocken kam, während ich meine Kinder gestillt habe.

Außerdem verleiht jede Intoleranz dem Intoleranten einen Anflug von Verletzlichkeit. In einer Zeit, in der eine 60-Stunden-Woche als minimales berufliches Engagement gilt und sowohl Frauen als auch Männer nur noch mit einem Sixpack ernst genommen werden, signalisiert die individuelle Lebensmittelunverträglichkeit: Auch ich habe eine empfindliche Seite. Ich arbeite und sportle wie ein Tier, aber das ist der Beweis: Auch ich bin ein Mensch.

Doch wie bei allen identitätsstiftenden Hobbys besteht immer die Gefahr der Überidentifizierung. Manch ein Allergiker verliert sich in den Tiefen der betroffenen Körperregion.

Beispiel Pilze. Nicht etwa leckere Kräutersaitlinge oder noch köstlichere Steinpilze. Nein. Darmpilze. Wussten Sie, dass diese kleinen Schmarotzer üble Beschwerden und sogar Depressionen auslösen können?

Ich auch nicht. Bis zu einem Dinner mit zwei Bekannten und ihren etwas älteren Partnern, denen, so stellte sich schnell heraus, der gleiche Hefepilz zu schaffen machte. Wer diskutiert bei einem Abendessen schon wirklich gern über Klimawandel oder den neuen Rechtspopulismus und andere heikle Themen, die sowieso schon Bauchschmerzen bereiten. Statt in langen Streitgesprächen lässt sich über die Ernährung viel schneller klarstellen, wer man ist und wo man steht. Hinzu kommt, dass gemeinsames Leid sehr viel nachhaltiger verbindet als eine gemeinsame politische oder ethische Haltung. Und so bildeten die beiden Betroffenen bald eine Schicksalsgemeinschaft.

Die Hefepilze, von denen die beiden Männer befallen waren, gehören zwar in jede gesunde Darmflora, aber bei starker Vermehrung können sie zu einer echten Bedrohung werden. Mehr als 10 000 Keime pro Gramm Stuhl sind bedenklich – auch das erfahre ich im Laufe des Abends. Ohne eine einzige Frage gestellt zu haben. Nach einer kurzen gegenseitigen Anamnese, die von begeisterten Zwischenrufen begleitet war –

»Seit einem Jahr? Ich auch!«

»Nach einer Antibiotikakur ging's los.«

»Bei mir auch!«

»Ich hatte erst mal nur Sodbrennen.«

»Genau wie bei mir!«

–, verloren sich die die beiden Männer in den Verschlingungen ihres Darms. Beim Erörtern der unangenehmsten Symptome des *Candida Albicans* kam das Gespräch richtig in Schwung. Ansonsten war es am Tisch recht ruhig geworden.

Immerhin machten die Pilzträger den Versuch, sich bei den anderen Gästen für ihre sehr detaillierten Beschreibungen zu entschuldigen: »Trotzdem guten Appetit!« Ich kann mich nicht daran erinnern, was es zu essen gab, aber daran, dass viel Wein konsumiert wurde. Außer von den beiden Hefepilzträgern, Alkohol enthält zu viel Zucker und davon ernährt sich der Parasit.

Vor diesem Hintergrund habe ich ein unverschämtes Glück, dass meine Darmbakterien sich bisher nur auf Milchzucker stürzen und ansonsten friedlich bleiben.

Ich danke den unschuldigen Würmern, den dreckigen Katzen und nicht pasteurisierten Kühen meiner Kindheit dafür, dass sie mich vor Schlimmerem bewahrt haben.

Falls es in den nächsten Jahren doch anders kommen sollte und meine Darmpilze sich gegen mich verschwören, dann verspreche ich schon jetzt: Ich werde nicht darüber sprechen.

Außer mit anderen Betroffenen.

Zauber der Ahnungslosigkeit

Matching Points

Die meisten Jungs meiner Generation hatten die Unterwäscheseiten des Otto-Kataloges vor Augen, als ihre Sexualität langsam erwachte. Für uns Mädchen lockte die eine oder andere Hühnerbrust, die weiß und zart in einer Bravo-Foto-Lovestory aufleuchtete. Dann kamen die Neunziger und mit ihnen Mark Wahlberg und die Calvin-Klein-Kampagne für weißen Feinripp. Fortan war es salonfähig, Männer als Sexobjekte zu betrachten. Plötzlich gab es Frauengespräche über Männerhintern. Und wenig später rutschte der Fokus auch auf die Vorderseite.

Fast 30 Jahre später ziehen sich Männer freiwillig aus. Facebook und Instagram sind voll von nackten Männerkörpern. Nicht, dass nun auch die Innenstädte mit männlichen Nackedeis gepflastert wären, aber Einzelne wagen sich vor. Vor Kurzem hätte ich fast einen Unfall gebaut, weil ein Brillenhersteller auf einem Plakat mit einem gut gebauten, aber verschwommenen nackten Mann für Lesebrillen geworben hat. Sinngemäß lautete der Spruch unter dem Bild »Wenn Sie den schärfer sehen wollen, Lesehilfen von ...«. Dabei handelt es sich eigentlich um lupenreinen Sexismus, aber es gab in den sozialen Medien keinen einzigen Mann, der das bemängelt hätte.

Beim Einkauf mit meiner Tochter im Flagship-Store eines amerikanischen Modelabels wurde ich wie andere ent- bis begeisterte Mütter Zeugin, als ein riesiger, athletischer Blondie ohne Körperhaare mitten im Laden extrem langsam sein Shirt auszog, um mit seinen ausladenden Schultern, den voluminösen Brustmuskeln und einem gebräunten Six-, ach was, Achtpack in aller Ruhe die Kleiderstangen abzuschreiten. Bis dato war mir gar nicht klar, wie viele Muskeln bei einer so simplen Übung wie dem lässigen Über-den-Kopf-Streifen eines Oberteils im Einsatz sind. Als ich meine Tochter kichernd anstieß und flüsternd fragte, ob sie das gesehen habe, wurde ich angeraunzt, ich solle mich nicht so albern benehmen, und mit einem dreifachen Augenrollen darüber aufgeklärt, dass es sich bei dem Striptease um einen Marketingauftritt für den Laden handele.

»Uuhuu! Du meinst, der bekommt Geld dafür, dass er sich hier vor den Leuten umzieht?«, entschlüpfte es mir nicht besonders leise und mit einem kleinen Kiekser. Woraufhin sich meine Tochter eine Einkaufstüte vors Gesicht hielt und fluchtartig den Laden verließ …

Zugegeben – das war eine uncoole Nummer von mir. Aber an so viel (bezahlten) männlichen Exhibitionismus, vor allem bei einem solchen Exemplar, muss ich mich erst gewöhnen.

Die vielen ehemaligen Fans diverser Boybands der Achtziger und Neunziger wie »Take that« oder »Caught in the act« tun sich da wahrscheinlich leichter. Wenn man, wie ich, die Musik grässlich fand, gab es kaum Alternativen. Und jetzt kommen Sie mir nicht mit David Hasselhoff. Ich esse ja auch keine Tiefkühlschnitzel.

Leinwandhelden für kleine und große Jungs wie Wolverine oder Captain America waren schon manchmal ein Hingucker, aber nichts für die Bedürfnisse eines weiblichen Kinopublikums. Die Regisseurin Sofia Coppola macht dagegen umgedrehten Sexismus zum roten Faden ihres letzten Films »Die Verführten«. Während des Amerikanischen Bürgerkrieges wird ein verletzter Unionssoldat im tiefsten Süden von den Bewohnerinnen eines Mädchenpensionats versteckt und gepflegt. Die Frauen müssen sich also bis ins Detail mit dem Körper des Feindes beschäftigen und tun dies voller Hingabe bzw. mithilfe einer schamlosen Kameraführung. Coppola sagt im Interview Folgendes über die Frauen am Set und ihren Hauptdarsteller:

»Die Schauspielerinnen waren froh, dass sie mal nicht mit der Kamera von oben bis unten abgetastet wurden. Ich wollte unbedingt einen Schauspieler, der Frauen und schwulen Männern gleichermaßen gut gefällt, auf den sich körperliche Sehnsüchte projizieren lassen. Dafür ist Colin Farrell die ideale Besetzung.« Man ersetze Sofia Coppola durch einen männlichen Regisseur und stelle sich vor, dieser Regisseur hätte über seine Hauptdarstellerin genau diese Sätze gesagt. Was wäre wohl in den sozialen Netzwerken los gewesen?

Die skurrilste Karriere in diesem Zusammenhang machte ein amerikanischer Krimineller namens Jeremy Meeks, der bei einer Razzia in Kalifornien mit illegalen Waffen erwischt worden war. Die Polizei veröffentlichte das Foto von Meeks auf ihrer Facebook-Seite und erlebte einen digitalen Liebesansturm. Vor allem von Frauen. Meeks wurde über Nacht berühmt und begehrt. Wer die Fotos nicht kennt: Meeks ist so etwas wie das männliche Pendant zu Kim Kardashian. Mit dem Unterschied, dass dafür keine Schönheitsoperationen nötig waren. Weltweit waren weibliche Fans der Meinung, dass der schöne Häftling nicht in den Knast, sondern auf einen Laufsteg gehöre. Viele boten vorher einen Zwischenstopp in ihrem (Ehe-)Bett an. Meeks bekam trotzdem eine Haftstrafe von 27 Monaten aufgebrummt, wurde jedoch vorzeitig entlassen und prompt für Modeschauen und Fotoshootings gebucht. Inzwischen wird er nicht mehr von der Polizei, sondern von Paparazzi verfolgt bzw. von einer Milliardärstochter, *to be continued.*

Und nun rutscht mir ein einziges Mal, versprochen, dieser langweilige Satz heraus, weil er so schön passt: Das hat es früher nicht gegeben.

Man könnte sich jetzt fragen, wie es so weit kommen konnte. Oder umgekehrt, warum es so lang gedauert hat, bis es so weit kam. Es war die Generation der heute 40- bis 60-Jährigen, die den ersten männlichen Sexsymbolen zu einer Karriere verhalf. Doch wurden Richard Gere, Brad Pitt und George Clooney mit einem gewissen Respekt angeschmachtet, und ohne dass sie sich dafür nackig machen mussten. Bis vor Kurzem sollte ein Kerl neben einem hübschen Gesicht noch Charme und Köpfchen mitbringen, und sich am besten noch für Tibet oder für Kriegsopfer engagieren. Von einem Jeremy Meeks erwartet niemand (bzw. keine), dass er etwas Substanzielles zu sagen hat. Im Gegenteil.

Aber in der Generation der Middleager gehen viele Männer mit Plauze immer noch davon aus, eine Frau »ins Bett quatschen« zu können. Statt etwas vorweisen zu müssen. Und tatsächlich galt es noch bis ins neue Jahrtausend als politisch unkorrekt, wenn eine Frau sich ausschließlich auf die körperlichen Vorzüge eines Mannes berief. Aber nicht, weil Frauen solche Vorzüge nicht gern genossen hätten, sondern weil weibliches Begehren nicht gerade im Fokus der Emanzipation stand und bis heute etwas verschämt behandelt wird.

Was ist passiert? Anders gefragt: Was war im letzten Jahrtausend noch nicht passiert?

Die APO-Zeit und die Nachwehen der sexuellen Revolution hatten schmale und rehäugige Jungs mit weichen, langen Haaren hervorgebracht, die beim Fummeln ständig fragten, ob »das«, was sie gerade machten, »o.k. ist ...« Manche haben dabei ihr Ziel so weit aus den Augen verloren, dass sie einschliefen. Vielleicht waren es aber auch wir Mädchen, die dabei eingeschlafen sind, im Rückblick kann ich das schwer auseinanderhalten. Ich erinnere mich aber, dass es beim Sex für diese kurze Epoche zwischen »Wer zweimal mit der Gleichen pennt, ...« und den ersten One-Garment- oder Porno-Partys so etwas wie einen pubertären Gleichstand gab: Alle waren gleich doof und unerfahren, sehnsuchtsvoll und ungeschickt. Keiner von beiden glaubte, genau wissen zu müssen, was als Nächstes passiert. Alles war möglich, aber nichts musste unbedingt sein. Wer etwas nicht wollte, konnte vorher klarstellen, was: »O.k., *wir schlafen zusammen, aber ohne xy.*« Damals galt beim Spielen auch noch der Spuck-Schlachtruf »Tiptopleckauf«, wenn man eine Regel durchsetzen oder Erster sein wollte, als verbindlich. »Fangen ohne Abklatschen, ich fang an. Tiptopleckauf!« Die Jahrgänge ab 65 wissen, was ich meine.

Es gab dieses wunderbare Vakuum, den Zauber der Ahnungslosigkeit. Unter der Schulbank wurden Zettel mit Fragen verfasst, in der Pause getuschelt und geglotzt. Wer sich traute, den Schwarm zu Hause anzurufen, hat sofort wieder aufgelegt, wenn jemand ranging. Telefone hatten eine Wählscheibe und spiralförmig geringelte Kabel, in die man beim Telefonieren seine Finger einwickelte – wenn es irgendwann doch einmal zu einem Gespräch kam. Der einzige »Apparat«, in Lindgrün oder Weinrot, stand meistens im Flur des Hauses, die Schnur reichte selten weiter als unter der nächstgelegenen Tür hindurch. Mit etwas Glück befand sich dort das Teenagerzimmer, aber meistens hörte die ganze Familie mit.

Das war der Rahmen für eine pubertäre Fantasiewelt der Achtzigerjahre. Die damals noch um einen überschaubaren Kreis von Menschen kreiste: Jungs und Mädchen, auch der ein oder andere Erwachsene aus einem begrenzten Radius von Schule und Nachbarschaft. Michael, Thomas und Frank wurden von Weitem angehimmelt. Susanne, Michaela und Alexandra auch.

Niemand außer ihr selbst wusste, dass Michaela Anfang der Achtziger in den Biolehrer verknallt war, heimlich im »Kamasutra« las, das ihre Eltern im Kleiderschrank versteckt hatten, und ebenso heimlich Geld sparte, um sich zum ersten Mal Strähnchen machen zu lassen. Über die erwachsene Michaela wissen wir heute eher als ihre Familie, dass sie nach einer Phase der Hoffnungslosigkeit (sie postete regelmäßig dramatische Sinnsprüche) einen italienischen Lover hat, dessen Hund auch in ihren verliebt ist, und dass sie zurzeit eine 21-Tage-Stoffwechselkur macht.

Niemand außer ihm selbst wusste, dass Michael für Michaela schwärmte, aber trotz seiner 16 Jahre noch heimlich an einem Fischertechnik-Set rumbastelte oder eine Vorliebe für langbeinige Frauen hatte. Ein 2000 geborener Michael würde sich allein schon über seine Instagram-Likes verraten. Und seit der Michael aus den Siebzigerjahren des letzten Jahrhunderts die 40 überschritten hat, weiß auch jeder von seiner Facebook-Seite, dass er noch heute Fischertechnik sammelt, über eBay. Alles kein Problem, solange man mit dieser Öffentlichkeit aufgewachsen ist und eine leise Ahnung davon hat, wie solche Informationen beim unbekannten User ankommen.

Denn nun trifft die in den Siebziger- bis Neunzigerjahren geschulte Fantasie eines ursprünglich analogen Menschen auf all das von niemandem bestellte Wissen über Michael oder Michaela und soll auf dieser Grundlage romantische bis leidenschaftliche Gefühle entwickeln. Die brauchen aber nun mal Raum für Geheimnisse und Überraschendes. Erst mal von Weitem anschmachten ist schwierig geworden, denn sobald ich das Facebook-Profil anklicke, kenne ich den Familienstatus, Hobbys, Konsumgewohnheiten, kulturelle, unter Umständen sogar sexuelle oder politische Vorlieben.

Alles, was auf einen bereits entzückten Menschen liebenswert oder skurril wirken könnte, all die Problemzonen, Gewohnheiten, Ängste und Freuden, die der Angebetete erst *peu à peu* offenbart und die ihn einzigartig machen. All die charmanten Unzulänglichkeiten, die mit der Wucht eines entfachten Gefühls problemlos tolerierbar sind, werden rausposaunt, bevor es beim anderen kribbeln kann. Und wachsen zu lauter kleinen emotionalen Hürden und Fettnäpfchen. Mein Mann mag ein paar der Lieder von Roland Kaiser, – sehr! Ich bin nicht sicher, wie mein Leben verlaufen wäre, wenn ich davon gewusst hätte, bevor ich mich damals verknallt habe.

Partnersuche im mittleren Alter ist aufregend, aber auch furchtbar anstrengend. Weil wir bei allem überlegen müssen, was wir preisgeben, um jemanden anzulocken und nicht gleichzeitig zu viele andere abzuschrecken. Im Gegenzug grübeln wir ständig darüber, ob all die Infos, die der andere freigibt, a) so stimmen, b) ernst zu nehmen sind, c) auf etwas anderes hinweisen oder es eher verstecken sollen. Und am Ende lässt man es lieber gleich bleiben.

Die meisten Parshipper oder Friendscouter oder Elite Partner über 40, spätestens die Über-50-Jährigen, geben nach wenigen Monaten wieder auf, oder sie lassen ihr Profil brachliegen. Wenn man die unterschiedlichen Probleme von Frauen und Männern bei der Partnersuche im Netz betrachtet, dann lassen sich daraus drei Tipps ableiten:

1. Niemals über das Gewicht oder die Figur lügen. Das endet in verschwendeter Zeit. Es gibt genug Menschen mit ein paar Kilos zu viel, die schlau genug sind, von anderen nicht mehr (bzw. weniger) zu erwarten als von sich selbst.
2. Wer das Gefühl hat, dass dort draußen vor allem seltsame, ignorante, egomane und schlecht erzogene Menschen unterwegs sind, sollte sich unbedingt mal mit einem Verwandten oder langjährigen Kollegen treffen und denjenigen bitten, einem ganz offen zu sagen, wie man auf ihn wirkt. Zur Not unter Alkoholeinfluss.
3. Einfach mal 15 Minuten lang nur Fragen stellen. Und dann ganz genau zuhören. Wohlwollend und interessiert. Als hätte man sich schon verliebt.

Auf diese Weise lässt sich Liebe sogar im Labor herstellen. Ganz ohne Kuschelrock und Kerzendinner. Nur über Fragen.

Keine Fragen nach Lieblingsmusik, Lieblingsdrink, Lieblings-
urlaubsziel. Echte Fragen. Fragen, die man einem Unbekannten nie stellen würde. Es gibt dazu eine psychologische Studie
aus den USA, der Versuchsaufbau ist angenehm schlicht und
doch anspruchsvoll: Zwei Fremde setzen sich zusammen und
stellen sich gegenseitig abwechselnd Fragen, die immer per-
sönlicher werden. Zum Beispiel die Frage Nummer 12: »Wenn
du morgen mit einer neuen Fähigkeit oder einer neuen Eigen-
schaft aufwachen könntest – was würdest du dir aussuchen?«
Oder die Frage Nummer 26: »Wann hast du das letzte Mal vor
einer anderen Person geweint?«

Eine Journalistin der New York Times ist auf das Experiment aufmerksam geworden, als sie die Meldung las, dass eines der Gesprächspaare aus der Studie sechs Monate später
geheiratet und das ganze Psychologie-Labor zur Feier eingeladen hat. Als sie für ihre Recherche selbst an der Studie teil-
nahm, mit einem Mann aus dem erweiterten Freundeskreis,
den sie nicht besonders gut kannte, war sie eher skeptisch und
hatte keinerlei Erwartungen. *To cut it short,* wie die Amis sagen: Die beiden haben sich verliebt. Und beim letzten Update
zu dieser Geschichte waren sie immer noch zusammen. Die
Journalistin hat einen Artikel über die Studie und ihre persönliche Erfahrung geschrieben, der innerhalb eines Monats acht
Millionen Mal geteilt wurde.

Die meisten Menschen, die sich über eine Online-Plattform
kennenlernen, gehen in die erste Verabredung wie in ein Vor-
stellungsgespräch, mit derselben Checkliste vor Augen, die
das Portal anwendet, um *Matching points* zu finden. Klamotten, Figur, Schuhe, Fingernägel, Auftreten, bisherige Berufs-
erfahrung, Kinder ja, wie viele, nein, vielleicht, Hobbys und

sonstige Qualifikationen. Unter Umständen treffen dann zwei Menschen aufeinander, die beide »kulturelle Interessen« angekreuzt haben. Aber während die eine darunter eine Vorliebe für Splatter-Movies versteht (extrem blutige Horrorfilme), ist der andere ein Fan des experimentellen Theaters. Das kann besonders interessant werden oder auch nach hinten losgehen. Meistens Letzteres. Viel zu oft scheitert es bereits an den falschen (Männer-)Schuhen.

Eine 15-Jährige würde in derselben Situation wahrscheinlich ziemlich schnell auf die uncoolen Schuhe zu sprechen kommen und aufspringen, um ihren Freundinnen die Niederlage zu whatsAppen. Vielleicht war der Typ mit den komischen Schuhen aber auch besonders cool und sie flüchtet, weil sie so aufgeregt ist? Er deutet das falsch, whatsAppt ein WTF (»What the fuck?«) und löscht den Kontakt. Daraufhin teilt sie in ihrer Freundinnengruppe mit, dass es ihr jetzt scheiße geht. Was ihm ein Kumpel zuträgt, weshalb er vorsichtig bei ihr mit einem WMDS (»Was machst du so?«) anklopft, woraufhin das sich sträubende Paar am Ende doch noch den Rest des Abends zusammen abhängt.

Das geht wesentlich schneller als bei den Vertretern der analogen Generation und ist unterhaltsamer, weil immer Publikum in Form diverser WhatsApp-Gruppen dabei ist, das sich ebenfalls in die Begegnung einmischt.

Am Ende des Chats könnte sogar folgendes Symbol <3 (»Ich liebe dich«) auf dem Schirm stehen (man lege seinen Kopf zur rechten Seite, dann ist das Herz zu erkennen). Was nicht heißt, dass das Ganze nicht ein Wochenende später zu Ende gehen kann, aber fürs Erste herrschen klare Verhältnisse: LU4ever (»Love you for ever«) oder wie lange das eben so dauert, wenn man noch keine 16 ist. Entscheidend ist aber, dass beide Seiten mit einer Erfolgserwartung an die Sache gehen. Nicht nur einmal, sondern wieder und immer wieder …

Falls es aber doch schiefgeht, springt dabei immer eine gute Anekdote heraus, die man unbedingt posten sollte. Nichts verbindet mehr mit Unbekannten im Netz als ein missglücktes Date. Bei dem niemand gezwungen ist, länger als eine mindesthöfliche halbe Stunde durchzuhalten – bevor ein ganzer Abend draufgeht. Was hält eine Frau davon ab, aufzustehen und mit einem artigen Lächeln zu verschwinden, wenn eine Internetbekanntschaft über 40 ihr noch vor dem Hauptgang alles über *seinen* letzten »Scoop« im Job, die Fortschritte bei *seinem* Marathontraining und *seine* Erfahrungen mit anderen Frauen erzählt, die ihn im Netz bestürmen und ihm auch gern mal ungefragt ein Nacktfoto schicken. So geschehen in einem italienischen Restaurant am Hamburger Alsterufer. Meine Single-Freundin durfte sich vorher sogar die Bilder der anderen Damen auf seinem Smartphone anschauen und konnte diesen Abend mit der Gewissheit beschließen, dass sie mit ihrem eigenen Spiegelbild, auch vom Hals abwärts, sehr zufrieden sein kann. Immerhin.

Vielleicht hat der Marathonläufer im Netz etwas zu viel Aufmerksamkeit genossen, was ja bekanntlich jeden Charakter verdirbt. Wer will, kann sein Ego im Netz vollständig auf Emojis, Likes und Kommentare bauen. Viele Middleager reagieren wie Junkies, wenn das Smartphone aufleuchtet, weil eine neue Nachricht reinkommt, und ertragen keine fünf Minuten Aufschub. Die kleinen roten Kreise mit der Anzahl der WhatsApp-Nachrichten, SMS und Mails garantieren regelmäßige Serotoninausschüttungen, ohne die kaum noch jemand leben möchte. Man fühlt sich gebraucht, geschätzt, begehrt. Selbst wenn unter dem nächsten roten Punkt eine Beschimpfung wartet. Hauptsache, irgendeine Emotion …

Offiziell sind wir Ex-Analogen aber der Meinung, dass Smartphones Beziehungen zerstören, uns alle zu Autisten machen, und beschwören kopfschüttelnd den Untergang der Sprache, lol, und der Emanzipation: »Schick mir mal ein Nacktfoto, du Schlampe« – ein Zitat aus der WhatsApp-Konversation eines Gymnasiasten, die mir zugetragen wurde. Das ist tatsächlich eine Ansage, die man als feministisch geprägte Frau ordentlich sanktionieren möchte. Es wäre interessant zu erfahren, was die Eltern dieses Jungen von dessen Verhalten gegenüber Mitschülerinnen halten. Zu meiner Beruhigung erfahre ich aber aus sicherer Quelle, wie Mädchen im selben Alter damit umgehen: Die Aufforderung wird inklusive Namen und Telefonnummer des Betroffenen an alle Klassen- und sonstigen Chats weitergeleitet, und als direkte Antwort gibt es das Foto eines Zuchtbullen in der Besamungsstation. Das könnte man als eine souveräne Reaktion bezeichnen.

Leider nehmen wir erwachsenen Chatter das, was auf den diversen Digitalkanälen ausgetauscht wird, sehr viel ernster und schwerer als die Youngsters. Zwischen den Zeilen lesen zu können ist eine wertvolle Fähigkeit, bei WhatsApp-Nachrichten ist man damit allerdings überqualifiziert. Auch Emojis lassen nicht wirklich Spielraum für Interpretationen, die Botschaft erschöpft sich im Bild. Man kann damit spielen, muss es aber nicht perfekt beherrschen wie die Digital Natives. Wirklich nicht.

Wir Mittelalten glauben an das geschriebene Wort und die gesprochene Sprache. Damit sind wir aufgewachsen. Wir stehen für Content. Jetzt gilt es, dieses Erbe anzunehmen. Und möglichst wenig zu texten oder zu posten, bevor wir einen Flirt treffen.

Die folgende Geschichte handelt davon, was passiert, wenn sich Ex-Analoge zu weit aus dem digitalen Fenster lehnen.

Die Ex im Bild

Tindern ab 40

Es ist bemerkenswert, mit welcher Geschwindigkeit sich eine Generation verzweifelt digital von innen nach außen stülpt, die vor Jahrzehnten auf die Straße gegangen ist, um gegen eine Volkszählung zu protestieren. Eine Zählung!

Nehmen wir ein konkretes Beispiel aus dem Umfeld digitaler Partnersuche und zoomen auf eine Geburtstagsparty in Hamburg: eine schwüle Sommernacht, auf dem Balkon wird geraucht und so ergeben sich tatsächlich Begegnungen zwischen Unbekannten, ohne die Vermittlung durch eine Online-Plattform. Genau genommen sind es ausschließlich Frauen zwischen Mitte 30 und Anfang 50, zufällig fast alle single. Die anwesenden Männer haben ihre Zigaretten ausgedrückt und sich nach drinnen verzogen, als die ersten Smartphones gezückt und die jeweiligen Tinder-Profile aufgerufen werden. Großes Hallo, als sich herausstellt, dass alle Damen bei Tinder angemeldet sind, auch wenn manche Accounts schon lange brachliegen. Und großes Staunen, weil die älteste in der Runde die jüngsten *Matches* vorweisen kann.

Dann wird nach Kategorien sortiert: Die verheirateten und

fest liierten Männer haben naturgemäß anonyme Profile, auf denen sie mit Sonnenbrille an dem eigentlichen Motiv lehnen: am Auto, Motorrad oder am Mast eines Segelbootes. Die mehr oder weniger Kreativen in dieser Gruppe verstecken sich hinter einem Haustier oder lassen einen Strand, ein leeres Bett, einen angemalten Stein oder ein Stillleben mit Rotwein oder Gin Tonic für sich sprechen.

Die frisch Getrennten sind ganz offen mit ihrem neuen Status – »Bin seit vier Wochen single« – und haben es besonders eilig. Bei vielen fehlt sogar die Zeit für ein passendes Foto. Stattdessen wird eines der Bilder aus dem letzten Familienurlaub so abgeschnitten, dass eine körperlose Hand der Ex noch auf der Schulter des Kandidaten ruht oder ein paar einzelne lackierte Fußnägel seitlich ins Bild ragen. Die weniger Eiligen bleiben oft ebenfalls unkenntlich, weil sie sich bevorzugt in Aktion zeigen: beim Skifahren, Surfen oder Wandern. Das Foto zeigt dann einen kleinen Menschen vor großem Berg bzw. weitem Meer oder wie eine Freundin es ausdrückt *»ein Suchbild, auf dem sich weder die Figur noch das Gesicht, geschweige denn, detaillierter, Hintern oder Augen identifizieren lassen. Dabei soll es hier doch angeblich um Sex gehen.«*

Da eine Frau bei Tinder auch versuchsweise als Mann auftreten kann, ist leicht zu recherchieren, dass sich viele Frauen bei Tinder sehr viel großzügiger präsentieren – mit allen Rundungen, *duck face,* weitherzigem Dekolleté oder in Reizwäsche auf dem Bett rekelnd. Dafür überspringen männliche Tinder-User gern mal die nächsten drei Ebenen der Selbstoffenbarung und landen direkt in der unverblümtesten Kategorie: dem bildfüllenden Genital!

Geht man davon aus, dass es sich bei der Balkongruppe um eine zufällige Stichprobe handelt, dann verschickt jeder dritte Tinder-User im Laufe des digitalen Vorspiels ein Foto von seinem besten Stück. Jedenfalls haben viele der anwesenden Frauen mindestens ein »Schwanzfoto« gespeichert. Was wiederum große Heiterkeit auslöst und eine lebhafte Diskussion: erstens zu der Frage, ob die Frauen einen Exlover anhand solcher Bilder wiedererkennen würden, zweitens, ob den betreffenden Kandidaten klar ist, dass ihr Gemächt mit anderen verglichen wird, und drittens, wie man am besten auf solch ein exhibitionistisches Stillleben antwortet.

Den längsten kollektiven Lachanfall erntet die Idee, einfach so zu tun, als handele es sich um ein Gesicht. Und nicht um einen mal mehr oder mal weniger erigierten Schniedel. Der gemeinsame Antwortentwurf auf das aktuellste unter den Penisprofilen, komplett rasiert, beschnitten und auf halbmast, lautete dann in etwa so: »*Du machst einen eher schüchternen Eindruck, das gefällt mir am besten – das sanfte Lächeln, die hohe Stirn und deine weichen Züge. Du gehörst nicht zu den Typen, die ihre Defizite verstecken, und gehst selbstbewusst damit um. Das finde ich toll.*« Bis zum Ende der Party kam leider keine Antwort.

Gut möglich, dass der Halbmast nachhaltig verwirrt oder verärgert war und sich deshalb nie wieder meldet. Was angesichts der 1,4 Milliarden Gesichter, die täglich weltweit weggewischt werden, nicht weiter dramatisch wäre. Wenn man darüber hinaus nachliest, dass 62 Prozent aller Tinder-User männlich und davon wiederum 42 Prozent verheiratet sind oder in einer festen Beziehung leben, muss man sich wohl erst recht keine Sorgen machen. Würde nicht bei aller Weltläufigkeit dieses Portals gleichzeitig ein anderes Kriterium greifen, das Tinder zu Recht zu einem Renner macht: Das Wischher-oder-wisch-weg-Portal ist vor allem regional erfolgreich. In einer größeren Stadt kann jeder nicht allzu wählerische User im Umkreis von 5 bis 15 Minuten Fußweg ein schnelles Date haben. Denn bei aller angeblichen Mobilität des modernen Menschen haben die wenigsten wirklich Zeit und Energie für eine Long-distance-Anbahnung, schon gar nicht, wenn es um eine schnelle Nummer geht. Das macht den Pool der Matches schlagartig sehr überschaubar. Um nicht zu sagen *durch*schaubar.

Die ausgelassene Frauenpartyrunde auf dem Balkon stößt bei weiteren Fotovergleichen und näherer Betrachtung auf eine Reihe Déjà-vus. Eine identifiziert ihren frisch getrennten Chef, eine andere den Lehrer ihrer Tochter. An diesem Punkt des fortgeschrittenen Abends könnte die gute alte Partyweisheit greifen, dass man aufhören sollte, wenn es am schönsten ist. Denn nachdem alle sensationslüsternen Zwischenrufe verhallt sind und sich alle einmal vor Schreck die Hand vor den Mund gehalten haben, macht sich langsam die ernüchternde Einsicht breit, es könnte umgekehrt genauso sein …

Niemand kann ausschließen, dass sich auf einem anderen, womöglich gar nicht so weit entfernten Balkon spiegelverkehrt die gleiche Szene abspielt. Wo sich ein paar Männer in lockerer Runde zusammengefunden haben, die ihr Tinder-Profil zücken und die eine oder andere Lehrerin, Kollegin oder Ex demaskieren.

Zusammenfassend könnte man folgende Moral aus der Geschichte ableiten: Es ist unter Umständen ratsam, auf Tinder so lange wie möglich anonym zu bleiben bzw. sich nicht allzu

offenherzig zu zeigen. Oder die Sache einfach als hübsche Ablenkung zu betrachten, wenn gerade Leerlauf ist. Wie meine
alleinerziehende Freundin sagt: »Wenn wir im Supermarkt in
der Schlange stehen, klicke ich durch meine Dating-Portale,
während mein Sohn ›Hay Day‹ spielt. Es gibt immer was zu
ernten.«

Ach ja, und statt zu tindern könnte es sich lohnen, Aktien
des Unternehmens zu kaufen.

Hair!

Untenrum frei

Das kleine amerikanische Mädchen hinter mir versuchte hinter vorgehaltener Hand zu flüstern, so wie Kinder es eben tun – man kann jedes Wort verstehen. Als ich mich umdrehte, schauten ihre Mutter und sie mich beide mit schreckgeweiteten Augen an und wichen gleichzeitig einen Schritt zurück, wobei die Kleine fast das Gleichgewicht verlor.

Was genau hat diese Reaktion ausgelöst, werden Sie sich nun fragen, ebenso wie ich in diesem Moment vor langer Zeit. Ich war Anfang zwanzig, ganz ansehnlich, schlank und trug knappe Jeans-Shorts, die ich kurz vor meinen Besuch im kalifornischen Seaworld-Freizeitpark erworben hatte. Es gab auf den ersten Blick nichts an mir, wovor sich eine fremde Person ekeln müsste. Aber genau das war der eindeutige Ausdruck auf den Gesichtern der beiden: spontaner Ekel mit einem Hauch von Mittelschichtsmitleid für den Abschaum der Gesellschaft. Nie zuvor und nie wieder danach bin ich auf diese Weise angeschaut worden.

Es dauerte einen Moment, bis ich die Situation erfasst und das Geflüster des Mädchens im Kopf übersetzt hatte: »Mami,

guck mal: Die Frau hat Haare an den Beinen. So wie Papa.«
An dieser Stelle muss ich aus Eitelkeit kurz hinzufügen: Ich
weiß, wie lang Männerbeinhaare werden können, und halte
den Vergleich für maßlos übertrieben. Vielleicht lag es an ihrer Perspektive aus 1,30 Meter Höhe …

Auf jeden Fall brauchte es noch einen weiteren Urlaubstag,
bis ich erkannt hatte, dass tatsächlich alle Frauen – und auch
einige Männer – um mich herum an den Beinen, unter den
Achseln und wahrscheinlich auch an fast allen weniger ein-
sehbaren Stellen tadellos rasiert waren.

Haare wurden in diesem Land offenbar nur auf den Köpfen
der Menschen toleriert.

Ich war völlig ahnungslos. Und habe mich dann in Grund
und Boden geschämt. Ich wusste ziemlich viel über den Un-
abhängigkeitskrieg oder die Bürgerrechtsbewegung, aber mit
amerikanischer Körperhygiene hatte ich mich bis dato nicht
befasst. Im Reiseführer stand auch nichts.

Wir sprechen über das Ende der Achtzigerjahre, das in
Deutschland so aussah: im Freibad, bei den Bundesjugend-
spielen oder in der Bravo-Foto-Lovestory – überall große und
kleine Pelztierchen im Schwitzkasten. Damals hat sogar Nena
auf der Bühne ohne jede Scheu den Dschungel unter ihren
Achselhöhlen gelüftet. Als ich meiner Tochter das Video auf
Youtube gezeigt habe, hat sie vor Entsetzen beide Hände vors
Gesicht geschlagen. Obwohl sie bei den meisten Horrorfilmen
nicht mal mit der Wimper zuckt.

Wir sind die letzte Generation, die in haarigen Zeiten sozi-
alisiert wurde – Achsel- und Schambehaarung galten als In-
signien der Pubertät und Beinbehaarung wurde schlichtweg
übersehen. Wenige Jahre später war das enthaarte Körperideal

aus den USA bei uns angekommen, so wie die Nachmittagstalkshows oder der Techno-Doppeldutt.

Und wir waren die Ersten, die der eigenen Körperbehaarung den Kampf angesagt haben, lange bevor es Waxing-Studios gab: Mit Papas Rasierer oder nach Ammoniak stinkender Enthaarungscreme, die ungefähr so hautverträglich war wie die Entlaubungsmittel, die im Vietnamkrieg zum Einsatz kamen. Büschel unterm Arm bedeuten inzwischen eine Provokation, wie Wikipedia bestätigt: »In vielen Kulturen der modernen Zeit gilt ein zu starker Haarwuchs vor allem bei Frauen als unästhetisch.«

Möglicherweise war die allgemeine Enthaarung auch Teil eines Abnabelungsprozesses von der Elterngeneration. Noch nie war so viel Scham- und Achselhaar zu sehen wie im APO-Deutschland der Siebzigerjahre. Außerdem gab es weder Klotüren noch feste Beziehungen, und wenn einer beim WG-üblichen Partnertausch keinen hochbekam, musste der Genosse aushelfen. Vermutlich duftete es in den Altbauwohnungen ganztägig wie in einem Pumakäfig, denn Körperhaare sind nun mal hervorragende Geruchsträger.

Die Kinder, die in diesen Nackedei-Oasen aufwuchsen, haben in ihrer Jugend vermutlich so viele überwucherte Genitalien gesehen wie zuletzt der Steinzeitnachwuchs. Wer heute mit den Nachfahren dieser Avantgarde spricht, findet aber schnell heraus, dass das in seiner ganzen Haarigkeit frei sichtbare Liebesleben der eigenen Eltern (mit anderen Eltern) nicht unbedingt zu ihren schönsten Kindheitserinnerungen zählt. Ein Studienfreund, der in einer Landkommune aufgewachsen ist, hat seine Eltern und deren Freunde schockiert, als er gestand, dass er zumindest am Essenstisch gut und gern auf den Anblick nackter Genitalien verzichten könne. Wegen seiner »Verklemmtheit« wurde ein befreundeter Kinderpsychologe konsultiert. Ich bin angesichts solcher Erzählungen etwas froh, dass ich in einem Haushalt groß geworden bin, in dem man die Badezimmertür abschließen durfte.

Mit dem Ende dieser Utopie kamen jedenfalls erstaunlich schnell glatte, muskulöse und haarlose Körper in Mode, in Designerunterwäsche. Sauber, selbstverliebt und strebsam. Körper, die selten nach körpereigenen Säften rochen, denn die bleiben ja, wie gesagt, vor allem in Haaren hängen. Und da viele Erinnerungen an Gerüche gekoppelt sind, möchte ich alle Altersgenossen dazu aufrufen, sich für einen kurzen Moment an die einzigartigen, umwerfenden und lebenshungrigen Körperdüfte zu erinnern, in die man damals ständig verliebt war, denen man nachgestiegen ist – und sei es nur für ein Katholikentagswochenende. Wie man seine Nase vergraben hat – in eine frisch vertraute Achselhöhle.

Für immer vorbei. Im doppelten Sinne: Schnief!

Denn vielleicht ist mit den Achselhaaren auch ein wenig Sinnlichkeit verloren gegangen?

Mindestens aber ein Teil des Geruchssinns. Anders sind die Irrungen auf dem Duftmarkt der Achtziger und Neunziger nicht zu erklären. Düfte wie *Poison, Obsession* oder *Cool Water,* die sich mit den letzten Molekülen eines Sebamed-Duschgels vermengten und später am Abend vom Eisbonbon-Duft des Studioline-Haargels überdeckt wurden, das sich beim Tanzen wieder verflüssigte. Plötzlich standen in jedem Bad ganze Batterien von Flakons, Männer zogen meterlange Duftschleppen hinter sich her. Es wurde zunehmend schwer, den einen vom anderen zu unterscheiden.

Wir haben uns so weit von unseren Behaarungen distanziert, dass die heutige junge Generation glaubt, Körperhaare seien ein Überbleibsel der Evolution wie Ohrhöcker oder Blinddarm und müssten sofort und gründlich entfernt werden, bis die Evolution ganz darauf verzichtet. Waxing-Studios machen bereits Angebote für Zwölfjährige: 22 Euro für einen »*Brazilian Hollywood Cut*« – frei übersetzt: Danach ist alles wie vor der Pubertät. Für die Jungs gibt es »*Waxing Teens Him*«. Ein zwölfjähriger Junge kann sich in der Pofalte oder am Rücken »waxen« lassen. Ich frage mich: Was wächst da? Und selbst wenn ja – wer bekommt das in welcher Situation zu sehen? Und könnte sich dran stören?

Zumindest gibt es bei den Jüngsten klare Vorgaben. Die Eltern dieser Teenager lassen meistens noch ein paar Haare stehen, sind aber grundsätzlich verunsichert darüber, wie viele es denn sein dürfen. Durch den hastigen Übergang zwischen haarigen und haarlosen Zeiten bewegen wir Middleager uns in einem ästhetisches Grenzgebiet. »Ganz ohne« wirkt ein Körper ab 40 oft wie ein gerupftes Huhn, irgendwie nackter als nackt. Wer sagt uns, wie wir untenrum aussehen müssen, damit a) wir uns in der Sauna sehen lassen können, b) unsere Kinder sich nicht für uns schämen müssen und c) potenzielle neue Partner nicht abgeschreckt werden? Wie viele romantische Dates könnten sehr viel entspannter ablaufen, wenn es für das Styling unterhalb der Gürtellinie eindeutige Regeln gäbe?

Die meisten Vertreter meiner Generation haben sich für einen Mittelweg zwischen beiden Kulturen entschieden und verzichten auf Bein- und Achselhaare, lassen aber die Schamhaare in geordneten Strukturen wachsen. Was dazu führt, dass sich trotz Schönheits-OPs und Botox die Zugehörigkeit zu einer bestimmten Alterskohorte spätestens an der Genitalfrisur festmachen lässt – auch wenn oft nur ein paar Jahre dazwischenliegen.

Da einige meiner Freundinnen nach den ersten Scheidungen wieder auf der Suche sind, weiß ich aus nächster Nähe, was das im Einzelfall bedeutet.

Am Beispiel eines Parship-Dates: Sie Anfang 40, ihr Date vermutlich Mitte 30, und es hätte nach einem wunderbaren Abend mit langen Gesprächen und wildem Rumgeknutsche so schön werden können … Wenn da nicht plötzlich Haare ins Spiel gekommen wären: Er war glatt rasiert, was meine Freundin durchaus irritierend fand, aber auch interessant. Durch die fehlende Lockenrahmung wirkte sein gutes Stück gleichzeitig dominant und schutzbedürftig. Außerdem sieht ein frei stehender Baum immer größer aus, wenn drum herum das Unterholz fehlt, wie sie schmunzelnd ergänzte. Sie selbst war hübsch getrimmt, aber eben nicht haarlos. Kurzum: Der junge Mann hat das Liebesspiel mittendrin abgebrochen und zeigte sich beleidigt bis betrogen, denn er war davon ausgegangen, »dass sie einige Jahre jünger« sei. Da über das Alter bisher geschwiegen wurde, wollte meine Freundin wissen, woran er seine Vermutung festmache, woraufhin er schweigend auf ihre Schamhaarfrisur zeigte. Der Abend war gelaufen und der Flirt abrupt beendet.

Meine Freundin hat diese Anekdote gleich in der nächsten Frauenrunde zum Besten gegeben – nicht zuletzt, um zu erfahren, ob sie in über zehn Ehejahren irgendwelche Trends verpasst habe, mit denen sie sich nun auf dem Singlemarkt ins Aus manövriere. Die Reaktion war, neben ein paar Lachsalven: Ratlosigkeit, Schulterzucken und allgemeine Verunsicherung, sowie wilde Googleleien nach den Rasurgewohnheiten prominenter Altersgenossinnen. Hollywoodstar Cameron Diaz, 45, plädiert für Wildwuchs, Filmdiva Sharon Stone, 60, bleibt beim Styling aus *Basic Instinct,* Oscar-Star Kate Winslet, 42, schwört auf den »landing strip«. Gwyneth Paltrow, 45, verkündet in einer Talkshow, dass sie es »wie in den Siebzigern« mag. Insgesamt macht sich in den vergangenen Jahren eine »*Back-to-bush*-Stimmung« breit, die allerdings durch den steigenden Umsatz der Waxing-Studios klar widerlegt wird. Ja was denn nun?

Das Ergebnis eines Brainstormings besagter Frauenrunde zum Thema Schamhaar hat Folgendes ergeben: eine Bekennerbrosche für Singles. Ein winziger Waschbär für alle, die untenrum die Seventies feiern. Waschbären sind putzig, reinlich und frech …

Auf den Arm

Mein Herz (VI)

Meine Therapeutin ist sauer. Das passiert selten. Nicht auf mich, auf den Oberarzt, der mir eine vererbte Disposition zu verengten Adern bescheinigt hat. Sowie, zu ihrem Ärger, einen möglichen Hang zur Psychosomatik. Ganz habe ich ihn nicht verstanden, an diesem Punkt der Visite begann er zu nuscheln und druckste herum, als müsste er mir beichten, dass er ein Stück Schlauch in meinen Herzgefäßen vergessen habe ... Ein Gefühl von Peinlich-berührt-Sein waberte durch den Raum, auf beiden Seiten. Es machte ihn verlegen, dass er mich entlassen musste, ohne eine klare Aussage über die Ursache meiner *Ereignisse* machen oder eine Prognose liefern zu können. Umgekehrt beschämte es mich, dass ich ihm keine eindeutige Ursache liefern konnte, damit er ein grünes Häkchen hinter meinen Namen setzen konnte. Er und seine Leute hatten schließlich alles richtig gemacht und meinen Fall aus kardiologischer Sicht sauber abgeschlossen. Das meine ich ohne jeden Hauch von Ironie. Ich befand mich nun einmal in einem Herzzentrum und nicht in einer psychosomatischen Klinik. Für weiter gehende Deutungen bin ich selbst zuständig. Kein Problem.

Meine Therapeutin sieht das weniger entspannt: »Was sollst du jetzt mit dieser Deutung anfangen? Dich noch schlechter fühlen, weil du dir den Infarkt selbst eingebrockt hast?«

Aus ihrer Sicht gibt es vor allem einen Grund für meine verengten Herzgefäße: »Shit happens!«

»Wie bitte?«

»Shit happens!«

Für eine Therapeutin ein bisschen dürftig, finde ich.

»Lass mal sacken.«

Okay. Aber ich würde schon gern wissen, warum dieser »shit« nicht einem der vielen Menschen passiert, die bewegungslos vorm Fernseher Junkfood in sich reinstopfen und Kette rauchen. Warum?

»Weil es dir passiert ist. Punkt.«

»Nennt sich auch Schicksal«, wirft sie noch hinterher.

Und dafür zahle ich Geld?

Obwohl ich etwas beleidigt auf der Leitung stehe, wird mir langsam klar, worauf sie hinauswill. Der Infarkt ist himmelschreiend ungerecht, verflucht noch mal, aber er ist nicht nur *mir* passiert, sondern vor allem mir *passiert*.

Und damit darf ich ab jetzt auf den Arm. Wo und bei wem ich will. Ich habe ein umfassendes Recht auf Trost und Begleitung und auf völlig unbegründete und spontane Gefühle wie Hilflosigkeit, Panik oder Trauer. Zu meiner Entlastung. Um diese Gefühle zu durchleben, sie loszuwerden. Um sie nicht abrupt unterbrechen zu müssen, nur weil mein Gegenüber es nicht ertragen kann, mich hilflos, panisch oder traurig zu erleben. Das ist sein Problem, nicht meins.

Wenn ich gefragt werde, was ich denn in meinem Leben anders machen könnte, um Stress zu vermeiden, habe ich das

Recht, die Aussage zu verweigern. Ich habe sogar das Recht, die Frage unverschämt zu finden, weil mein Gegenüber keine Ahnung hat, was ich bereits geändert habe. Ich habe das Recht, überfordert zu sein, weil ich mir in dieser Situation selbst ausreichend Druck mache und von meinem Gegenüber keinen zusätzlichen benötige.

Wie wäre es zur Abwechslung mit ein paar Antworten? Oder sinnvollen Vorschlägen? Die zwar kein Herz heilen, einem aber kurzzeitig die Verantwortung für das eigene Leben abnehmen. Meinetwegen nur für ein paar Stunden: »Lass alles stehen und liegen, wir essen Baisertorte.« Oder: »Hör auf zu grübeln, wir müssen ins Kino.« Oder: »Vergiss den Auftrag … wir gehen jetzt tanzen.« Auch die simple Frage »Wie geht es dir?« wird chronisch unterschätzt und kann der Auftakt zu einem spannenden Abend werden. Wenn das Gegenüber es ernst meint und sich auf alles gefasst macht.

Stattdessen häufen sich nach meiner zweiten Herzgeschichte Vorschläge und Denkanstöße, die mir die Verantwortung für den Infarkt mehr oder weniger selbst in die Schuhe schieben. Ich liebe Küchenpsychologie, aber selbst das Objekt der Analyse zu sein, macht überhaupt keinen Spaß. Um den Vorwurf gleich vorwegzunehmen: Ich freue mich über nützliche Kritik von außen und bin geradezu verschwenderisch mit Selbstkritik, auch wenn ich nicht alles ausspreche. Aber nach einem Infarkt bekommen hilfreich gemeinte Hinweise die Schwere einer Frage über Leben und Tod.

Meinem Nachbarn ist aufgefallen, dass ich immer so abgehetzt die Treppe hinunterstürze. Dass ich selten Muße habe für einen kurzen Schnack, weil ich immer auf den letzten Drücker das Haus verlasse. Ob das nicht über die Jahre dem Herzen zusetze? O.k. Wer mich kennt, der weiß, dass ich mich mit meinem Zeitmanagement manchmal selbst in die Bredouille bringe. Allerdings gibt es da noch ein paar andere, die ständig im Schweinsgalopp unterwegs sind. Von denen hat aber keiner einen Herzinfarkt.

Meine Mutter entdeckt einen Zusammenhang zu unseren *ständigen* Reisen: »Diese Diskussionen um die Planung und dann dieses Kofferpacken und die Umstellung. Das ist doch mehr Stress als Erholung …« Meine Mutter war in ihrem Leben schon in China, Thailand und Südafrika. Darüber ist sie mittlerweile 85 Jahre alt geworden. Offenbar habe ich nicht ihre widerstandsfähigen Seiten geerbt.

Ein Freund vermisst eine gewisse Lässigkeit im Umgang mit meinen Kindern. Weil ich mir im Urlaub Sorgen mache, wenn meine Teenagertochter zu lange allein unterwegs ist. Oder mein zweites Kind die Umgebung erkundet, bei über 30 Grad und ohne Sonnencreme. Er macht sich Sorgen, weil ich die Einzige aus der Reisetruppe bin, die deswegen rotiert, und fragt mich, ob das nicht »unnötigen Stress generiert«. Ich gebe zu, dass ich unter gewissen Umständen dazu neige, mir Horrorszenarien auszumalen, und dass ich in diesem Fall wie ein Tiger im Käfig die Ferienhausterrasse abgeschritten bin, bis alle wieder da waren. Nun war ich schon immer ein wenig besorgter als andere. Das nervt. Ich weiß. Aber bis vor Kurzem wäre niemand auf die Idee gekommen, dass ich deswegen zu Herzinfarkten neige.

Zweitens wird umgekehrt ein Schuh draus, wie ich nach einigem Nachdenken selbst analysiere: Ich bin erschüttert. Diesen Ausdruck benutzt man üblicherweise, um die eigene Reaktion auf ein Ereignis zu beschreiben, aber in meinem Fall kommt er meinem Zustand nach dem Infarkt am nächsten. Ich fühle mich wie in Einzelteile zerlegt, die ich mühsam zusammenhalte, aber noch nicht wieder zusammensetzen kann. Und ich bin verunsichert, nicht nur einen irritierten Moment lang, sondern grundsätzlich. Meine Kinder vor vermeintlichen Gefahren zu schützen ist mein Versuch, mir die Kontrolle über mein Leben zurückzuholen. Das nennt man wohl Projektion – ich hab aufgepasst in der Therapie! Das alles erkläre ich dem besorgten Freund, der nachdenklich nickt und mich mit einem leicht gequälten Lächeln anschaut: »Das ist natürlich ziemlich sinnlos.« Ich weiß! Sinnlos und bescheuert. Meine Kinder sind zu Recht schwer genervt und schimpfen mich einen »Kontrollfreak«. Aber besser als gar keine Strategie, oder?

Und nebenbei würde ich gern auf den Arm, wie gesagt … Was ich selten darf, aber daran bin ich vielleicht auch selbst schuld. Wann immer sich jemand in meiner Nähe besorgt erkundigt, wie es mir geht, presche ich mit Erklärungen nach vorn, aus Angst, es könnte eine peinliche Gesprächspause entstehen, wenn ich ehrlich antworte: »Keine Ahnung, vorwiegend scheiße.« Also gehe ich lieber mit vagen Selbstanalysen in Vorleistung, dann muss der andere nur noch verständnisvoll zustimmen. Meistens fällt in solchen Unterhaltungen nicht mal das Wort Infarkt, genauso wie bei Krebskranken das Wort Krebs gemieden wird. Als handele es sich um etwas Unappetitliches oder besonders Kompliziertes, das nicht näher benannt werden muss, weil alle Bescheid wissen. Ich vermute, dass sowohl *Infarkt* als auch *Tumor* schon im Begriff die Erwartung eines längeren Gesprächs enthalten, bei dem man möglicherweise in ein Fettnäpfchen tritt. Wenn man sie stattdessen durch »die Sache« oder »der Scheiß« ersetzt, ist es leichter, auf der Floskelebene zu bleiben: »So 'ne Sache macht was mit einem, kann ich mir vorstellen.« Oder: »Mensch, was machst du denn für Sachen?« Tut mir leid. (Sage ich nicht, aber denke ich.) Auch ich hatte für dieses Jahr etwas anderes geplant. Ich tue es auch nicht wieder. Sofern das in meiner Macht liegt.

Falls sich ein Leser, eine Leserin, in diesen Aussagen wiedererkennt: Bitte nicht falsch verstehen. Wenn sie von Herzen (!) kommen, haben Floskeln auch etwas Weiches, Respektvolles, Wangen-Streichelndes. Ich bin dankbar für eine kurze verbale Umarmung, bei einem längeren Gespräch käme ich ja ebenfalls in Verlegenheit.

Deshalb trete ich erst mal die Flucht nach vorne an, Campaigning in eigener Sache: Sind Sie eine Frau und sitzen Sie gerade neben einer zweiten? Freundin, Verwandten, Bekannten oder Kollegin? Schauen Sie der anderen in die Augen. Eine von Ihnen beiden wird von einer Herz-Kreislauf-Erkrankung betroffen sein. Die häufigste Todesursache bei Frauen. Herzerkrankungen sind schon lange keine Managerkrankheit mehr. Eine Managerinnenkrankheit vielleicht. Seit 1984 sterben daran mehr Frauen als Männer. Unter anderem, weil alles, was die Medizin seit 50 Jahren zum Thema Herzkrankheiten hervorgebracht hat – Studien, Diagnosen, Therapien –, an Männern, von Männern, für Männer entwickelt wurde. Und es hat ganz gut funktioniert. Die Sterberate ist dramatisch gesunken. Bei Frauen ist sie dramatisch gestiegen. Was beweist, dass sich weibliche Infarkte offenbar anders anfühlen und anders aussehen, wie es Noel Bairey Merz, Direktorin des Frauen-Herzzentrums am Cedars-Sinai Heart Institute in Los Angeles, beschreibt. So manche Frau mit einem akuten Infarkt wurde schon mit der Diagnose »Sodbrennen« und ein paar Magentabletten nach Hause geschickt. Zum Sterben. Nicht nur, weil sie den typischen Griff ans Herz inklusive Ausstrahlung in den Arm vermissen ließ, sondern auch, weil ein Infarkt genauso wenig in ihr Selbstbild passte wie in das medizinische Weltbild des Arztes.

Auf Grundlage der Statistik müsste man von einer Frauenkrankheit sprechen, sagt die Medizinerin: »Aus unerklärlichen Gründen ist das eines der am besten gehüteten Geheimnisse.« Stimmt. Kennen Sie eine junge bis mittelalte Frau, die an einer Herzgeschichte erkrankt oder gestorben ist? Ich nicht. Ich kenne viele Frauen mit Brustkrebs, die gekämpft und überlebt haben. Oder noch länger gekämpft und nicht überlebt haben. Aber wo sind all die Frauen aus der Herzstatistik? Ich hätte gern eine in meinen Kontakten gelistet. Für alle Fälle. Oder zum Reden, Weinen, Lachen. Bitte melden Sie sich.

Warum hört man nichts von den vielen herzkranken Frauen? »Herzkrankheiten töten Menschen«, erklärt Noel Bairey Merz, »sehr schnell.« Es gibt keine lange Leidensphase mit Chemotherapie, ausfallenden Haaren, Perücken, ersten Erfolgen, Rückschlägen und all den Stationen, die von Verwandten und Freunden begleitet werden. Bei einer Herzkrankheit gibt es unter Umständen nicht mal die Gelegenheit, Abschied zu nehmen. »In der Hälfte der Fälle stirbt die Patientin, bevor sie eine werden kann. Plötzlicher Herztod.«

Und jetzt mal ohne Drama: So ein Ende ist nicht das schlechteste. Bei meiner Mutter steht der plötzliche Herztod ganz oben auf der Wunschliste der Todesarten. Sie würde gern, wie vom Blitz getroffen, tot umfallen. Am liebsten zu Hause. Der letzte Tote ihrer Altersgruppe wurde aufrecht sitzend auf seiner Lieblingsbank gefunden, im eigenen Garten. »Der Glückspilz!«, war ihr erster Kommentar.

Ich hatte mir eigentlich auch schon etwas ausgesucht, lange bevor mein Herz seinen Anspruch angemeldet hat: Ich würde mich gern besaufen, am liebsten mit Wodka Lemon, und dann erfrieren. Hackedicht in eine Schneewehe fallen, langsam einschlafen und nicht wieder aufwachen. In einem meiner ersten Leben war ich Stewardess bei der Lufthansa, wo uns in einem Seminar erklärt wurde, wie man nach einer Notlandung in arktischen Gebieten überlebt. Genauer gesagt, was man auf keinen Fall tun sollte. Zur Abschreckung hat uns der Seminarleiter Fotos von Leichen in verschiedenen Winterlandschaften und Outfits gezeigt: Männer in Schnee- oder Schlafanzug, in Unterwäsche und einer im Gorillakostüm. Alle hatten sich sturzbetrunken für ein Päuschen in den Schnee gepackt, zwei hatten die Flasche noch in der Hand. Alle hatten ein Lächeln auf den Lippen, versonnen und gleichzeitig verschmitzt. Die glücklichsten Leichen, die ich je gesehen habe.

Ein plötzlicher Herztod wäre nach wie vor eher meine zweite Wahl. Aber egal wie es ausgeht, hätte ich gern noch 30 Jahre. Das ist bei der allgemein gestiegenen Lebenserwartung nicht zu viel verlangt. Theoretisch. Wenn ich es schaffe, weitere Gefäßverengungen zu vermeiden.

Eigentlich weiß ich weder, warum ich ein zweites Mal in der Notaufnahme gelandet bin, noch, wie es weitergeht. Fünf Wochen später weiß ich es immer noch nicht. Was für viele irritierend zu sein scheint. Dass ab Mitte 40 die Einschläge näher kommen und jederzeit etwas Schlimmes passieren kann – d'accord, aber am Ende muss dabei eine Geschichte mit Happy End herausspringen. Weil man etwas *überwunden, besiegt* oder *verstanden* hat. Und das sollte sich spätestens nach ein oder zwei Wochen so langsam abzeichnen, denn beim zweiten Mal ist die Geduld im Verwandten- und Freundeskreis schon etwas strapaziert.

»Ich weiß es nicht.« Dieser Satz, mit einem Punkt am Schluss, also ohne ein »aber« plus Nebensatz mit »vielleicht«, ist für Menschen meiner Generation gleichbedeutend mit einem Leben in Jogginghose: »Leute, die hat sich aufgegeben, bei der muss man ab jetzt mit allem rechnen.«

Wir leben in einer Leistungsgesellschaft und als Kranke kann man sich da nicht einfach rausnehmen. Versagen und Zweifel sind erlaubt, solange unterm Strich irgendein Ergebnis steht. Also recherchiere ich die Fakten. Eine befreundete Chefkardiologin schaut sich beide Katheteraufnahmen meines Herzens noch mal an – die eine aus New York, die andere aus Hamburg. Auch auf dem Bild aus New York ist eine verengte Ader zu erkennen, in einer der untersten Verzweigungen – zu klein, um solche Symptome auszulösen, hieß es damals. Meine Bekannte klickt minutenlang schweigend zwischen den beiden Aufnahmen hin und her. Dann erklärt sie mir ihre Theorie: Die erste Verengung ist wieder verschwunden, ganz von allein. Wer weiß, ob das Gleiche nicht auch bei der jetzigen Stelle passiert wäre: »Wenn man sich getraut hätte, dich einfach ruhigzustellen und zu warten.«

Sie tippt auf spontane »Inflammationen der Gefäßinnenwand«, also auf Entzündungen, die aber weder einen Keim noch eine Infektion als Ursache haben. Wie ich in einem Artikel im Internet nachlesen kann, sind *Inflammationen* »ein steter und allgegenwärtiger Aggressionsherd im Körper, der jedes Gewebe und besonders die Wände von Arterien angreifen kann, die daraufhin rigider und dicker werden«.

Vor meinem inneren Auge sehe ich ein kleines, schwarzrot glühendes Wutknäuel durch meine Adern rasen, allzeit bereit, sich spontan in eine meiner Gefäßwände zu verbeißen. Beim Stichwort »Aggression« fällt mir ein, dass dem ersten Herzinfarkt tatsächlich eine Wutattacke vorausgegangen war.

Wer ist hier also auf wen sauer? Ich auf den Rest der Welt oder auf meinen Körper? Mein Körper oder mein Herz auf mich? Und schon streife ich durch das Unterholz des Unbewussten, wo es immer undurchsichtiger und damit auch bedrohlicher wird. Allein der Gedanke, dass sich etwas verselbstständigt haben könnte, das sich der Kontrolle durch mein Bewusstsein entzieht, setzt mich schlagartig unter Stress.

Bei Probanden, die über starken Stress klagen, so lese ich, war die Nervenaktivität der Amygdala erhöht. Amygdala – so könnte eine indische Rachegöttin heißen. Übersetzt klingt dieser Teil des Hirns aber viel harmloser: Mandelkern. Das ist nichts Geringeres als der Teil des Gehirns, in dem Gefühle wie Angst und Wut verarbeitet werden. Unter Stress feuert der Mandelkern Signale ab, die dem Körper befehlen, Entzündungsstoffe zu produzieren. Die Forschung kommt zu dem Schluss, dass negative Gefühle das Risiko für einen Infarkt stärker erhöhen als die Klassiker wie Bluthochdruck oder Diabetes.

Anders ausgedrückt muss man also feststellen, dass ich mir mit meinen Gefühlen selbst den Saft abdrehe. Das nenne ich eine Schlinge um den Hals. Man könnte die koronare Reaktion auf Angst und Wut auch als den Versuch meines Körpers bezeichnen, sich eine »dickere Haut« zuzulegen. Leider an der falschen Stelle. Im Innenraum der Herzkranzgefäße ist dafür verdammt wenig Platz.

Vielleicht könnte man diesen gefährlichen Mandelkern operativ entfernen lassen? Auch dazu gibt es Literatur – über Versuche mit Affen, bei denen die Amygdala gezielt zerstört wurde. Danach zeigten die Versuchstiere keinerlei Angst mehr, nicht die Spur – auch dann nicht, wenn sie einer echten Gefahr, beispielsweise einer Schlange, begegneten. Außerdem suchten sie keinen Kontakt mehr zu anderen Affen und waren in der Gruppe bald isoliert.

Hm. Was nützt mir ein gesundes Herz, wenn ich es niemandem schenken oder offenbaren kann, weil mir meine Mitmenschen völlig egal sind? Oder wenn ich vom nächsten Lkw überfahren werde, weil ich mich für stärker halte?

Ein Herz, das gar nicht mehr auf Gefühle reagiert, eben auch nicht auf die schönen, scheint mir auch keine Lösung. Ich muss nur herausfinden, wie ich meins davon abhalte, ein unabhängiges Gefühlsleben zu entwickeln, das meine Gefäßwände überfordert.

Besser kennenlernen wäre vielleicht der erste Schritt. Die befreundete Kardiologin versucht, mich mit meinem Endothel bekannt zu machen. Den Innenwänden meiner Blutgefäße, einer riesigen Fläche von etwa 7000 Quadratmetern, 10 Billionen Endothelzellen, die leben und arbeiten. Alles Überlebenswichtige wechselt an dieser Stelle die Seiten: Sauerstoff, Nährstoffe oder Hormone. Es regelt den Blutdruck und die Fließgeschwindigkeit und kann Infektionen selbstständig bekämpfen. Oder sich selbst entzünden, wie ich jetzt weiß. »Das sind nicht einfach nur Röhren, durch die das Blut fließt. Das ist eines der wichtigsten und das größte Organ in deinem Körper.«

Und wie es scheint, ist dieses Endothel bei mir eine Ecke sensibler als beim durchschnittlichen Middleager. Andere entwickeln eine Neurodermitis, bei mir flackert die Gefäßhaut auf. Nach über 50 Jahren zum ersten Mal und dann gleich noch einmal hinterher?

»Damit fällst du sowieso schon durch jedes Raster«, erklärt mir die Freundin.

Und ich falle und falle und falle …

Bis ich bei meinem zukünftigen Hausfacharzt landen darf. Eine Praxis mit gutem Ruf, die tatsächlich noch Kassenpatienten aufnimmt. »Du brauchst eine kardiologische Heimat«, hatte mir die Freundin erklärt. Jemanden, der keine Angst hat vor exotischen Fällen.

»So was wie Sie gibt es sonst nur auf kardiologischen Kongressen, als Diskussionsstoff sozusagen.« Ich erfahre, dass ich zu den seltenen Pechvögeln gehöre, die beides haben: Läuse und Flöhe. Und ein drittes Problem, dass die beiden ersten so riskant macht.

Meine Adern scheinen trotz vorbildlicher Cholesterinwerte leichte Ablagerungen zu bilden, die an sich kein Problem sind – wäre da nicht eine Neigung zu Spasmen. Also zu Gefäßkrämpfen, die eine Plaque lösen können. So wie der Panzer einer Larve, die sich zuckend zusammenzieht, um die alte Haut abzuwerfen. Als würde das für einen Pechvogel noch nicht reichen, sind meine »hübsch gekringelten« Herzgefäße ein Problem für sich, denn die vielen Kurven, die das Blut nehmen muss, bergen ebenfalls das Risiko, herunterhängende Äste mitzureißen und damit an anderer Stelle für einen Stau zu sorgen.

»Einigen wir uns auf drei Viertel Pech und ein Viertel Psyche. Auf jeden Fall haben Sie jetzt zwei Warnschüsse bekommen. Ich würde das Schicksal nicht weiter herausfordern!«

PS:
»Ich habe eine gute und eine schlechte Nachricht für Sie«, sagt die Ärztin zu ihrer Patientin.

»Dann lassen Sie mal die gute Nachricht zuerst hören«, sagt die Patientin.

»Wir werden die Krankheit nach Ihnen benennen!«

Smoothies mit Blattgold

Gesundheit im Glas

Ich finde die Vorstellung, dass sich in meinem Körper Schlacken und Gifte verstecken, wahnsinnig belastend. Dass sich irgendwo, verborgen zwischen Milz und Leber oder unter den Armen, womöglich hinterm Steißbein, wo auch immer, Fäulnis breitmacht und in kleinen schwefelverseuchten Geysirtümpeln vor sich hin blubbert. Alle Gifte, die ich im Laufe der Jahre ungezügelt zu mir genommen habe: Alkohol, Antibiotika aus Chicken McNuggets, Arsen aus Zuchtgarnelen oder Aspartam im Zuckerersatz, um einfach mal alphabetisch aus den ersten Zeilen der Nahrungsgiftstofftabelle zu zitieren. Gruselig!

Zu meiner Überraschung finden sich in der Tabelle weder Zucker noch Weizen. Während diese beiden Stoffe beispielsweise bei den Kleinkindeltern in meinem aufgeklärten Großstadtviertel als hochgiftig gelten. Ich konnte vor der Kita gegenüber meiner Wohnung viele Szenen wie diese beobachten: Das Kind hat von einer unbedarften Erzieherin oder einer anderen, nicht aufgeklärten Mutter ein Kuchenstück aus Fertigteig oder einen Leibniz Butterkeks geschenkt bekommen und lutscht genüsslich darauf herum, als es von der Mutter abgeholt und in den Buggy gehoben wird. Die entdeckt das giftverseuchte Leckerli zwischen den verklebten Fingern ihres Kindes und schlägt es ihm reflexhaft aus der Hand, als handele es sich um einen brennenden Silvesterböller, der jederzeit explodieren könnte. Manche befördern das Zuckerweizenprodukt zusätzlich mit einem Fußtritt aus der Sichtzone des Nachwuchses, bevor sie sich umdrehen, um ihre Kleinen zu trösten, die sie in letzter Sekunde retten konnten.

Wenn ich bedenke, wie viel Limonaden-Aspartam ich allein in den ersten Lebensjahren verdauen musste, bin ich einfach froh, überhaupt die 50 geknackt zu haben.

Ich merke zwar nichts von dem toxischen Geblubber in meinem Inneren, und die vielen kleinen Gifttümpel sind auch bisher auf keinem Röntgenbild aufgetaucht, aber da die für diese schleichenden Vergiftungen beschriebenen Symptome von Depressionen über Migräne, Rücken-, Immun- und Hautproblemen reichen, kann ich klar sagen: habe ich alles schon gehabt. Und jetzt weiß ich endlich, was dahintersteckt.

Gifte, die sich unmerklich in meinem Körper ausbreiten, während ich zuversichtlich eine Avocado statt Butter auf meinem Dinkelbrot verteile, um zumindest ab 50 alles richtig gemacht zu haben. Wenn es nicht schon zu spät ist. Die Schadstoffe scheinen sich durch den Körper zu fressen wie Holzwürmer durchs Parkett, sie verkürzen die Schutzkappen meiner Chromosomen und damit mein Leben, wie ich kürzlich gelernt habe. Sie trüben das Weiß meiner Augen und jagen meinen Blutdruck hoch. Sie vergrößern die Poren meiner Haut, färben sie grau und bringen die feinen Äderchen darunter zum Platzen.

Nun, vielleicht wäre das alles auch ohne die Schlacken in meinem Körper passiert, aber das ist reine Spekulation. Außerdem ist es unglaublich entlastend, den Alterungsprozess auf etwas zurückführen zu können, das man tatsächlich bekämpfen kann – mit der richtigen Ernährung. Und da ist es wieder, dieses Gefühl, Teil einer Gemeinschaft zu sein, die mit dem typischen Ehrgeiz und der Detailversessenheit aller Middleager ein gemeinsames Ziel verfolgt: die totale Kontrolle über alle Vorgänge im eigenen Körper – saubere Arterien, sprudelnde Lymphe, porentief reine Haut, glänzende Haare und rote Bäckchen. Die Vernichtung und Ausleitung aller Krankmacher und Parasiten. Das Schicksal liegt wieder dort, wo es hingehört: in unseren eigenen Händen. Leiden und Verfall sind heutzutage eine Frage von Disziplin und Gewissen. Wer trotzdem krank wird, ist schlichtweg an sich selbst gescheitert.

Für den Drang, alle Lebensbereiche der Gesundheit unterzuordnen, um frühestens mit 100 Jahren pumperlgesund (woran denn dann eigentlich?) zu sterben, wurde sogar schon ein neuer Ismus gefunden: Der »*Healthism*«. Der New Yorker Ernährungswissenschaftler Paul Marantz hat die neue Angst vor Killerkost so auf den Punkt gebracht: »Wenn sich jemand einen Cheeseburger an die Lippen hält, ist das ja mittlerweile moralisch gleichbedeutend damit, sich eine Pistole an die Schläfe zu setzen.«

Die meisten Mediziner sind eher skeptisch, ob so etwas wie menschliche Schlacke überhaupt existiert. Laut Duden sind damit eigentlich Verbrennungsrückstände gemeint, also flüssig-zähe Asche. Dasselbe Zeug, unter dem die Sünder in Pompeji 79 n. Chr. lebendig begraben wurden. Schon bei der Vorstellung, dass etwas Ähnliches durch meinen Körper wabert, fühle ich mich augenblicklich kolossal schwer und antriebslos.

Falls ich mir das alles einbilde, wie meine Mutter und mein Mann vermuten, und die Schlacken doch nicht existieren – was wird dann bei den vielen Detoxkuren aus dem Körper »ausgeleitet«, wie es in den Prospekten für Entschlackungskuren so schön bildlich heißt? Alle Menschen in meinem Dunstkreis, die eine längere Ayurvedakur gemacht haben, berichten von äußerst unappetitlichen Hautproblemen, ungestümen Darmbewegungen und plötzlichen Wutattacken und Depressionen. Die betreuenden Ärzte haben stets versichert, dass diese Reaktionen auf die Gifte zurückzuführen seien, die nun an die Oberfläche blubbern, um den Körper zu verlassen.

Bin ich die Einzige, die bei solchen Beschreibungen an die einschlägige Szene aus dem »Exorzisten« denken muss? Die von einem Dämon besessene Regan, wie sie übersät mit eitrigen Pusteln und obszön geifernd über ihrem Bett schwebt.

Dabei fing alles so harmlos an. Meine erste Bekanntschaft mit einem giftaustreibenden Smoothie liegt fünf Jahre zurück. Bei einem Dreh für das Format »Übernachtung mit Frühstück«, einer Art Promi-Personality-Reportage, hielt mir Barbara Becker ein großes Glas mit schlammig-grünem Inhalt unter die Nase – ich hatte eigentlich auf ein Croissant gehofft.

Barbara Becker ist eine Anhängerin der These, dass »Frauen ab 40 für ihr Aussehen selbst verantwortlich« sind. Ich habe mit ihr ein ganzes Wochenende verbracht, auch hinter der Kamera, und kann Folgendes bezeugen: Sie sieht umwerfend aus, eben nicht nur in der *Gala*, sondern vor allem aus nächster Nähe, ungeschminkt, direkt nach dem Aufstehen, nach ihrer ersten Yoga-Session, um sieben Uhr morgens genauso wie spät in der

Nacht nach einer Flasche Wein. Außerdem hat sie die Energie eines Ninja-Turtle, gepaart mit buddhistischer Ruhe, und ist so beweglich wie ein Schlangenmensch. Kurzum: Ich habe keine Sekunde gezögert und das Glas mit dem Alienschlabber auf einen Zug geleert. Ich wollte nicht einmal wissen, was sie alles zusammengemixt hatte, es waren auf jeden Fall Grünkohl und Wildkräuter dabei. Zum Geschmack nur so viel: Als Kind bin ich einmal beim Fahrradfahren mit dem Kopf voran in einen Blumenkübel gefallen und hatte den Mund voll mit Erdklumpen. Das kam diesem Smoothie sehr nahe.

Damals hätte ich nie für möglich gehalten, dass Smoothies wenige Jahre später ein ganzes Supermarktregal füllen würden. Oder dass das wichtigste deutsche Haushaltsgerät neben der Küchenwaage ein Ungetüm von einem Mixer werden würde, das die Lärmbelästigung an deutschen Flughäfen in den Schatten stellt. Oder dass Menschen, die mir nahestehen, sich plötzlich moralisch überlegen fühlen, weil sie gar keine feste Nahrung mehr zu sich nehmen. Angeblich sollen Zahnärzte schon Alarm geschlagen haben, weil sich bei Patienten, die ansonsten vor Vitaminen und Mineralstoffen nur so strotzen, das Gebiss lockert. Durch die anhaltende Unterforderung schrumpft das Zahnfleisch. Das Positive an dieser Entwicklung könnte sein, dass die Smoothianer im hohen Alter keine großen Zicken mehr machen, wenn ihre Ernährung auf eine Magensonde umgestellt wird.

Eine meiner Freundinnen aus Geburtsvorbereitungskurstagen hat ihre Küche vollkommen auf den veränderten Bedarf bzw. Nichtbedarf umgestellt. Und mich dann eingeladen, um das neue Interieur vorzuführen, während ihr Mann mit den Kindern zum Griechen nebenan geflüchtet ist: Der halbe Kühlschrank besteht aus übergroßen Gemüsefächern, die Fenstersimse sind mit Kräutertöpfen vollgestellt, die Tiefkühltruhe ist mit langen Reihen gefrorener Himbeeren und Blaubeeren bestückt. Sie schwärmt von selbst gezogenem Löwenzahn oder Giersch und der Wirkung von pürierten Algen. Und sie ist nicht die Einzige in meinem Umfeld. Wer es sich leisten kann, gibt noch Acaifrüchte, Gojibeeren oder Nonisaft hinzu. Eben alles, was die eifrigen Söldner der Nahrungsmittelkonzerne von ihren Expeditionen durch ferne Regenwälder nach Hause bringen, um den Umsatz bei der Zielgruppe der besserverdienenden Besseresser noch weiter zu steigern.

Bei einem Empfang in einem Detoximbiss habe ich auch schon einen Smoothie mit Blattgoldstreuseln angeboten bekommen. Ich habe versucht, das Zeug abzuschöpfen, um mir daraus einen Ring gießen zu lassen – und bin dabei ziemlich unangenehm aufgefallen.

In letzter Zeit häufen sich in meinem Bekanntenkreis Absagen, wenn ich zu einem anachronistischen Abendessen einlade, bei dem die meisten Zutaten eine feste Konsistenz haben. Ich war schon drauf und dran, meine Lammfilets, das Kartoffelgratin und die Schokotörtchen in eine Schüssel zu werfen und mit meinem Pürierstab zu verflüssigen, um eine Dinnereinladung zu retten.

Wenn ich das ganze Menü atomisiere und mit etwas Blattgold verfeinere – kommt ihr dann zurück?

Ich vermisse euch!

#LernenvondenAlten

Unter Millenials

Ich bin Realistin. Es gibt durchaus Dinge, für die ich jetzt langsam zu alt bin. Für ein Stipendium zum Beispiel. So etwas gibt es nicht für Ü50er, egal wie begabt oder kreativ. Obwohl wir Middleager statistisch gesehen weitere 30 Jahre Zeit hätten, um daraus einen Mehrwert für ein Unternehmen, das Bruttoinlandsprodukt oder die Gesellschaft zu schöpfen. Schade. Ich habe mit Erfolg meinen ersten Demenztest absolviert und kann mich nach wie vor ganz gut konzentrieren. Also falls sich doch eine Stiftung findet, die meiner zahlenstarken Alterskohorte eine Chance geben möchte: Ich bin über Facebook und Twitter inzwischen jederzeit erreichbar.

Für ein drittes Kind bin ich wahrscheinlich auch zu alt. Es sei denn, ich würde eine Eizellspende in Anspruch nehmen wie eine Bekannte, die mit 55 Jahren das erste Kind bekam. Dann könnte ich in der wachsenden Elternbloggerszene noch mal von vorn anfangen.

Oder mit einem kleinen Unternehmen, ich habe zahlreiche Ideen für todsichere Marktlücken. Aber wenn Sie als Frau mit Ende 40 das Gespräch mit ihrer Bank suchen und einen Kredit für ein Start-up haben wollen, ist es plötzlich ein wenig so, als würden Sie in Swasiland leben, wo die Lebenserwartung für Frauen bei 48 Jahren liegt. Die müssen ja befürchten, dass man wegstirbt, bevor der Kredit zurückgezahlt werden kann. Aus ökonomischer Sicht muss man das wohl verstehen …

Auch Fernsehsender haben plötzlich Angst, dass ihnen die Klientel wegstirbt, bevor jüngere Zuschauer die Quote auffüllen können. Dafür muss man auch ein paar Experimente wagen, denn woher soll ein Sender wissen, was junge Leute mögen, wenn der durchschnittliche Mitarbeiter auch schon die 50 überschritten hat? Man könnte sie natürlich alle rausschmeißen, lauter Studenten einstellen und Jan Böhmermann zum Intendanten machen. Aber was sagt der Gebührenzahler dazu? Der ist ja im Schnitt auch nicht mehr so ganz taufrisch.

Und weil die Älteren sich auch im verjüngten Programm wiederfinden sollen, wurde ich zu einem dieser Experimente eingeladen, als Rategast. Immerhin. In eine neue Unterhaltungsshow mit einem bekannten Sportmoderator. Der Produzent, der mich anruft, überschlägt sich vor Begeisterung über diese »total vernetzte« Show mit den »krassesten Verrücktheiten der viralen Welt: Kinder, Tiere, Emotionen«. Und so vielsagenden Kategorien wie »BOING BUM ZACK«, »#niedlich«. Ich freue mich wirklich »ganz krass«, aber leider bin ich am betreffenden Aufzeichnungstermin schon in den Ferien … und kann die Show dann erst nach meinem Urlaub im Netz anschauen.

Mein Ersatz ist ein noch älterer Kollege, unter den Gästen ist er jedenfalls mit Abstand der Älteste – um ihn herum die Elite der erfolgreichsten Youtuber, die Abijahrgänge 2012 und später, wenn überhaupt Abi. Zu den zwei Höhepunkten der Show gehört erstens ein Youtube-Renner: eine ausgestopfte Katze, die über eine Drohne gestülpt wurde und über den Köpfen der jubelnden Zuschauer durchs Studio schwebt. Und zweitens: Julian Bam, Youtuber der ersten Stunde, über vier Millionen Follower. Den kenne ich endlich auch mal, weil mein Sohn ein Riesenfan ist. Ein ausgesprochen gut erzogener, intelligenter und interessanter junger Mann, der, anders als andere Youtube-Kollegen, auf sexistischen Mist und dreckige Zoten verzichtet. Ich mag ihn. Deshalb kann ich sehen, dass Julian sich außerhalb seines Homeoffice, in einem ausgewachsenen Fernsehstudio, eher unwohl fühlt. Aber er macht brav das, womit er auch im Netz gut ankommt: Sprüche klopfen und breakdancen. Auch da kann ich persönlich andocken: Anfang der Achtzigerjahre habe ich auf einer Abiparty zum ersten Mal einem professionellen Breakdancer zuschauen dürfen und war hin und weg. Wie ermutigend, dass nicht die ganze Welt ständig neu erfunden wird und sich manche Trends tatsächlich über Jahrzehnte halten.

In der Show tanzt Julian ein paar Figuren vor und jetzt dürfen alle mal raten, wer auf die Bühne geschubst wird, um ein paar »Moves« zu lernen: der ältere Kollege aus dem Haus. Beim Versuch, eine Tanzfigur nachzuvollziehen, bei der sich der Breakdancer in sein eigenes Knie eindreht, landet er mit schmerzverzerrtem Gesicht auf dem Hintern. Und als Julian beim nächsten »Move« seinen kompletten Körper auf einem Handballen balanciert und dabei auch noch hüpft, flüchtet der Kollege zurück auf seinen Gästestuhl, kriegt aber vom Moderator einen Extrapunkt dafür, dass er »ohne fremde Hilfe wieder hochgekommen« ist.

Als mittelalter Mensch kann man Einladungen zu solchen

Shows heutzutage nicht mehr aus dem wahren Grund ablehnen: weil die Gelenke da nicht mehr mitmachen. Und schon gar nicht mit Hinweis auf die eigene Würde. Das gilt auch unter Gleichaltrigen als humorlos und uncool – wo doch andere, die sogar noch älter sind, beim Triathlon mitmischen oder sich am Mount Everest versuchen. Außerdem gibt es in Zukunft bestimmt miesere Jobs für die Ü50er, als für die Millenials den Tanzbären zu spielen.

Daumen drücken, noch hat die werberelevante Zielgruppe bis 49 Jahre nicht mitbekommen, dass viele Moderatoren auf dem Schirm gar nicht mehr werberelevant sind. Und die vielen Zuschauer aus den geburtenstarken Jahrgängen haben noch nichts gemerkt, weil sie selbst bereits die Altersgrenze überschritten haben und damit ebenfalls rausfallen. Die werberelevanten jüngeren stört es nicht, weil sie ja zu Hause und im Job ständig mit Babyboomern zu tun haben, die ihnen sagen, was sie gut finden sollen.

Bei den Privaten stehen Günter Jauch, 61, Birgit Schrowange, 59, Katja Burkard, 52, oder Frauke Ludowig, 54, teilweise seit 30 Jahren im Studio, erstaunlicherweise erreichen die Sender trotzdem immer wieder ihren Rekord bei den jungen Zuschauergruppen. Haben sich aber auch alle top gehalten, die Kollegen.

Ich denke oft darüber nach, wie ich persönlich der werberelevanten Zielgruppe etwas entgegenkommen könnte. Ein Schlupflidlifting zum Beispiel würde vielleicht ein paar Jahre rausreißen, und das kostet auch gar nicht viel. Ich fände es aber fair, wenn dafür ein paar Gebührengelder lockergemacht würden.

Wir Babyboomer sind ja die letzten Indianer, die noch mit drei Kanälen aufgewachsen sind und aus Trägheitsgründen gern durchs analoge Programm zappen. (Die Jüngeren sind eher selbstbestimmt bei Netflix oder Amazon unterwegs und gucken, was sie wollen, und vor allem, wann sie wollen.)

Aber natürlich werden wir nicht jünger und die Fernsehmacher, die im selben Alter sind, machen sich nun Sorgen, dass bald der letzte altersschwache Zuschauer, mitten in einer Weihnachtssendung mit Helene Fischer, den Löffel abgibt. Mal abgesehen davon, dass man wirklich niemandem einen solchen Tod wünscht, scheint dieses Szenario ein wenig schwarz gemalt. Marathonläufe, Pilates- und Kletterkurse sind pickepackevoll mit solventen Best Agern, die wiederum den Löwenanteil der Steuern zahlen. Weil die meisten über ein sicheres und regelmäßiges Einkommen verfügen und lebenslang einem Unternehmen treu sind.

Die Jungen haben geschnallt, wo das Geld sitzt: Produktentwickler zwängen sich in Simulationsanzüge, sogenannte »Age Explorer«, in denen sie schlecht sehen und hören und ein bisschen herumschwanken. Um mehr über die angeblichen Bedürfnisse und Nöte der Älteren herauszufinden und ihnen möglichst maßgeschneiderte Produkte unterzujubeln. Ich habe so einen »Age Explorer« mal in einer Ausstellung ausprobiert und frage mich seitdem, warum nicht viel mehr altersbedingte Unfälle passieren: Rentner, die ungebremst in Menschenmengen oder Autoschlangen torkeln, oder unbeteiligte Fußgänger, die über ineinander verkeilte Gehhilfen stürzen.

Vielleicht hat hier auch jene Form der Diskriminierung ihren Ursprung, die in den letzten Jahren zunehmend als solche erkannt wurde – und die natürlich längst schon ihren eigenen Namen hat: der »Ageism«, also die Stereotypisierung von Älteren. Dies zeigt sich etwa, wenn Ältere besonders höflich angesprochen werden, angeblich aus Rücksichtnahme. Und wie Studien zeigen, tut diese Behandlung dann ihr Übriges: Wer als Frau über 60 spaßeshalber »junge Frau« genannt oder wem als älterem Mann in diesem e x t r e m   l a n g s a m e n und l a u t e n Tonfall etwas erklärt wird, schneidet bei Gedächtnistests sofort schlechter ab als vorher und bewegt sich tapsiger.

In nächtlichen Wachstunden kommt mir der schlimme Verdacht, dass die vielen Seh-, Ausstiegs- und Sitzhaltungshilfen, die vergrößerten Tastaturen, die Notrufarmbänder, das Gedächtnis- und das Faszientraining den eigentlichen Zweck verfolgen, überhaupt erst torkelige Trottel aus uns zu machen, die mit sanften Einflüsterungen in die Hilfsbedürftigkeit manövriert werden. Dann haben sie uns da, wo sie uns haben wollen, die Millenials. Wir Mittelalten verschwinden notgedrungen aus dem Arbeitsmarkt und verwandeln uns in immobile und willige Opfer der vielen jungen Start-ups, die ihren Umsatz mit unseren vermeintlichen Defiziten erwirtschaften.

Wer will es ihnen verdenken: Noch sind die Millenials in der Minderheit und als »Generation Praktikum« hoffnungslos unterbezahlt, damit für die altgedienten Best Ager mehr übrig bleibt. Aber das Blatt könnte sich schnell wenden, denn die Millenials sind nicht nur digital, sondern auch psychologisch und strategisch gut aufgestellt. Im Netz kursieren bereits Tipps, wie sie uns um den (Damen- oder Dreitage-)Bart gehen sollen:

»So könnt ihr bei den Baby-Boomern am besten punkten!« – die Bloggerin Marie Krutmann zitiert eine amerikanische Studie über die Kollisionen zwischen Millenials und Middleagern in der Arbeitswelt. In einer Umfrage unter Youngstern hat man herausgefunden, worauf Ü50-Kollegen anspringen

bzw. besonders empfindlich reagieren: Und wie zu erwarten, sind das vor allem die Social-Media-Skills, da »*hier ganz klar die Stärken der Generation Y liegen, die mit Facebook, Instagram, Twitter und Co. praktisch aufgewachsen ist*«. Deshalb sollte man gerade in diesem Punkt mit den Best Agern besonders sensibel umgehen – da die ja mit nachlassendem Bindegewebe und Altersweitsichtigkeit schon genug zu kämpfen haben.

Dabei hat man offenbar übersehen, dass wir Mittelalten durchaus ein paar Stärken vorzuweisen haben: Erstens sind wir im Gegensatz zu den Millenials vollständig alphabetisiert, inklusive Rechtschreibregeln, Kommasetzung und Textaufbau. Hier hat die moderne Pädagogik in Form von »Schreiben wie man spricht« und »selbst organsiertem Lernen« Spuren hinterlassen, die auch das neueste Rechtschreibprogramm nur schwer ausradieren kann. Und zweitens: Selbst die beste Social-Media-Kampagne braucht Inhalte, und diesen »Content« kann man ganz altmodisch »generieren« – durch Lesen, Recherchieren und Nachdenken. Alles Fähigkeiten, die wir längst beherrschen und denen das Alter Gott sei Dank nichts anhaben kann.

Was natürlich nicht heißt, dass die Best Ager im berüchtigten Neuland keine Fehler machen. So sollten die Millenials »*immer freundlich bleiben, auch wenn euer Chef versehentlich in einer privaten Mail auf ›An alle senden‹ klickt*«. Das passiert Menschen unter 30 so gut wie nie … oder? Es sei denn, sie verschicken Geburtstagseinladungen. Immer wieder konnte man in den letzten Jahren im »Vermischten« lesen, dass Partyposts bei Facebook versehentlich »öffentlich« geschaltet wurden. Woraufhin die Zahl der Gäste über Nacht auf über

1000 hochschnellte und die Party ganz analog von der Polizei unter Kontrolle gebracht werden musste.

Meinen eigenen Millenials zu Hause muss ich immer wieder erklären, dass auch noch so schöne Fotos, die in die falschen digitalen Hände geraten, für immer im Netz umherschwirren wie Weltraummüll um unseren Planeten. Millenial-Eltern müssen längst auch im Netz Bescheid wissen, wenn sie nicht riskieren wollen, ihre Aufsichtspflicht zu verletzen.

Und die analogen Vorläufer von Cybermobbing oder Sexting kennen wir nicht erst seit gestern – auch wenn die Millenials davor gewarnt werden, dass wir Mittelalten möglicherweise »*mit der Vorstellung einer queeren Genderidentität wenig vertraut sind*«. Ich kann an dieser Stelle nur darauf hinweisen, dass das Konzept des »Gender Mainstreaming« auf der 3. UN-Weltfrauenkonferenz beschlossen wurde, 1985 – den Babyboomern. Und nicht etwa 2015 auf Twitter. Und wozu ein in Genderfragen beschlagener Betriebsrat – eine weitere Errungenschaft des letzten Jahrtausends – gut ist, zeigte im Jahr 2017 eine Umfrage, der zufolge Mitarbeiterinnen in Start-ups deutlich häufiger sexuell belästigt werden als in traditionellen Unternehmen.

Falls ihr also Hilfe dabei braucht, wie man mit Sexismus und Belästigungen umgeht, liebe Millenials, dann fragt ruhig eure Babyboomer: Bei diesem Thema blicken wir auf einige Jahrzehnte einschlägiger Erfahrungen zurück!

#LernenvondenAlten

Sugardaddys und Chippendales

Forever young

Es gibt diesen ernüchternden und schlimmen Satz, ausgespuckt von einem Computer, den ein Mathematiker in Harvard mit den Daten verschiedener Dating-Plattformen gefüttert hat. Und der in meinem Bekanntenkreis ausgiebig diskutiert und zitiert wurde, weil alle den *ZEIT*-Artikel dazu gelesen hatten: Männer jeden Alters finden Frauen Anfang 20 am attraktivsten.

Was sollen Frauen ab Mitte 20 bis 80 Jahren mit dieser Information anfangen? Mein Vorschlag: nichts. Frauen jeden Alters sollten diesen Satz sofort wieder vergessen. Weil er keinerlei Relevanz für ihr Leben bzw. Liebesleben hat oder jemals haben wird.

Es gab schon mal so einen Satz mit einer Zahl, der uns ein ganzes Jahrzehnt verdorben hat – irgendwas mit der Wahrscheinlichkeit, bei einem Terroranschlag zu sterben, und der Wahrscheinlichkeit, ab Mitte 30 noch einen Mann zu finden. Eine gemeine, schwachsinnige, statistische Verzerrung, auf dem Niveau: Je mehr Storchenbrutplätze in einer Region, desto höher die Geburtenrate. Und der beste Beweis, dass sich zwischen allem und jedem eine Korrelation herstellen lässt, wenn man damit ein bestimmtes Ziel verfolgt. Zum Beispiel einer ganzen Bevölkerungsgruppe die Laune zu verhageln. Zahlen sind dehnbar.

Im Fall des angeblichen Beuteschemas aller Männer kommt weniger eine statistische Wahrheit als vielmehr ein kleiner Unterschied zwischen den Geschlechtern zum Tragen. Um dem #Klischeealarm zuvorzukommen: kein genetischer, sondern ein Unterschied im gelernten Verhalten.

Dahinter steckt keine Evolution, sondern Sozialisation. Auch wenn in den Medien seit ungefähr 20 Jahren fast jedes männliche Verhalten mithilfe der Evolution erklärt wird. Flankiert von Hormonanalysen und Gehirnscans, die mehr oder weniger belegen sollen, dass wir Sklaven unserer eigenen Botenstoffe sind und der freie Wille des Menschen eine Illusion ist. Gehirnscans können zeigen, welche Hirnregionen wann aktiv sind. Daraus zu schließen, was der betroffene Mensch denkt oder fühlt, ist so, als würde man behaupten, es braucht nur das Klavier, um Chopin zu hören, und niemanden, der ihm die Töne entlockt.

Gern genommen wird auch der Vergleich mit den besonders menschlichen Bonobo-Schimpansen und deren Sexual- und Rollenverhalten. Wenn diese genetischen Verwandten unser sexuelles Vorbild sein sollen, wieso gilt dann eine Kopulation in der Fußgängerzone als »Erregung öffentlichen Ärgernisses«? Bei den Bonobos dürfen übrigens auch die Kinder zuschauen oder sogar mitfummeln.

Ebenso beliebt ist die Analyse von Knochenfunden aus der Steinzeit – mit denen man über die Rollenverteilung bei un-

seren Vorfahren spekuliert –, das nennt sich dann Evolutionspsychologie und funktioniert so ähnlich wie Kaffeesatzlesen.

Dass Männer im Grunde gezwungen sind fremdzugehen,
wird sogar von allen drei Forschungsgattungen bestätigt –
Hormonforschung, Neurologie und Evolutionspsychologie.
Oder genauer: dass sie oft nicht länger als vier Jahre bei
Frau und Kind bleiben, denn dann hat ein Kind evolutionshis-
torisch das Gröbste überstanden und sie können weiterziehen,
um die Nächste zu schwängern. In modernen Zeiten haben
die Kinder dann ja noch die Schulzeit vor sich, Pech gehabt.
Da haben wir auch gleich die Erklärung für das Phänomen,
dass 91 Prozent der Alleinerziehenden Frauen sind.

Solche Annahmen beruhen auf der Vorstellung, das heutige Verhalten sei dem Gehirn während der Steinzeit einge-
meißelt worden. Als ließe sich von Knochenanalysen auf
das Liebesleben und die Rollenverteilung vor 50 000 Jahren
schließen. Und als hätte es seitdem keine weiteren Einflüsse
gegeben, etwa die Erfindung der Landwirtschaft und die In-
dustrialisierung.

Tatsächlich verfügen wir über ein plastisches Hirn, das sich
sogar innerhalb eines Menschenlebens je nach Herausforde-
rung aus- und umbildet.

Unter anderem dank unserer Großhirnrinde, die ganz unabhängig von Reflexen und Trieben funktioniert. Männer
sind nicht wirklich dazu gezwungen, ständig verschiedene
junge Frauen mit ihrem Sperma zu beglücken. Nicht einmal
Bonobo-Affen haben den Drang, maximal viele Nachkom-
men zu zeugen. Sonst würden sie nicht so viel masturbieren.

Man könnte auch einfach aus dem aktuellen Rollenverhalten Schlüsse ziehen, zum Beispiel: Viele Frauen interessieren

sich allzu sehr dafür, was Männer angeblich mögen oder begehren. (Mit dem, was Männer tatsächlich wollen, hat das meist wenig zu tun.) Und viele Männer interessieren sich sehr dafür, was sie selbst mögen oder begehren. Fertig ist die scheinbare Schräglage im Paarungsverhalten. Damit will ich auf keinen Fall behaupten, dass Männer egoistischer sind, sie gehen bei der Partnersuche nur anders vor:

1) Im schlimmsten Fall bekommt man eben ein Nein. Und versucht es mit der Nächsten.

2) Um den bestmöglichen Kompromiss zu bekommen, muss man ganz oben einsteigen.

3) Wünschen kann man sich alles.

Würden Frauen nach demselben Prinzip vorgehen und ebenso viele Zurückweisungen in Kauf nehmen wie Männer, dann könnten sie sich jederzeit einen jüngeren Lover angeln.

Manche tun es schon. Unter anderem, weil das manchmal einfacher ist, als gleich alte Männer für sich zu interessieren. Zwei Beispiele: Eher aus Langweile und Genervtheit als aus taktischen Gründen hat eine 50-jährige Freundin probeweise ihr Suchprofil bei einer Vermittlung nach unten erweitert. Statt bei Männern ab 45 hat sie ihr Kreuzchen bei Männern ab 35 gemacht, und prompt hagelte es so viele Matches, dass sie zurzeit nur noch jüngere Männer trifft. Eine Erklärung für dieses Phänomen liefert der junge Gespiele einer anderen Freundin, die auf einer Tanzveranstaltung fündig wurde. Ältere Frauen bringen aus seiner Sicht ein paar unschlagbare Vorteile mit:

1) Die Kinderfrage ist geklärt bzw. die Familienplanung ist abgeschlossen.

2) Im Gegensatz zu 30-Jährigen vergleichen sich ältere Frauen nicht mehr ständig mit dem Model auf der Plakat-

wand oder mit dem eigenen Ich von vor 10 oder 20 Jahren. Anders ausgedrückt: Irgendwann ist die Scham vorbei. Sie fragen sich nicht mehr, wie dieses oder jenes Körperteil in dieser oder jener Stellung in den Augen des Liebhabers aussieht. Sie genießen lieber. Und nichts ist geiler als ein Mensch, der sich fallen lassen kann.

Die Zahlen des Harvard-Mathematikers sagen vielleicht etwas darüber aus, wen Männer suchen, aber nichts darüber, wen sie finden. Ich kann für meine These keine Zahlen liefern, aber ich glaube, dass die Dating-Portal-Anfrage eines Mitte-40-Jährigen bei einer Anfang-20-Jährigen dem Blick gleichkommt, den ein älterer Mann beim Vorübergehen auf ein junges und ausladendes Dekolleté wagt, unter dem es verlockend wippt. Ohne eine konkrete Erwartung und lediglich für einen Augenblick. Als mittelalte Frau schaue ich übrigens genauso gerne hin. Ohne Neid, eher mit einem wissenden Lächeln und schönen Erinnerungen.

Frauen jeden Alters werfen dieselben flüchtigen Blicke auf stramme Männerhintern oder ausgeprägte Brustmuskeln. Aber weder Frauen noch Männer im mittleren Alter würden sich in diesem Moment erhoffen, dass sich ein Mittzwanziger umwendet und nach einem Date fragt. Die intensivsten Augen-Blicke gelten nach wie vor der eigenen Alterskohorte und dabei beläuft sich der Altersunterschied zwischen Mann und Frau eher auf ein paar wenige Jahre.

Natürlich gibt es Ausnahmen. Die uns mitunter wie der Regelfall vorkommen, weil Paare mit einem erheblichen Altersunterschied ungleich mehr Aufmerksamkeit auf sich ziehen. Bis vor einigen Jahren waren es vor allem prominente Männer, die mit halb so alten Partnerinnen Schlagzeilen machten. Inzwischen haben die Frauen nachgezogen. Künstlerinnen, Produzentinnen und Geschäftsfrauen wie Madonna, Heidi Klum, Nena, Ivana Trump oder Vivienne Westwood erscheinen mit wesentlich jüngeren Lovern auf dem Gala- oder Bunte-Titel. Und sie werden genauso respektvoll bestaunt wie ihre männlichen Vorgänger. Auch wenn der neue Trend – ältere Frau und 10 bis 30 Jahre jüngerer Mann – noch lange nicht die breite Masse erreicht hat.

Ungekrönte Queen der neuen Bewegung ist die französische Präsidentengattin, Brigitte Macron, 25 Jahre älter als ihr Mann. Rund um die Wahl ihres Gatten gab es weltweit Irritationen und verschleierte Mitleidsbekundungen, weil »er für sie« auf Kinder verzichtet. Aber die zu erwartenden sexistischen Äußerungen über den »Zustand« der neuen First Lady blieben auf die anonyme Masse in den sozialen Medien beschränkt. Madame selbst hatte die Lacher auf ihrer Seite, als sie verlauten ließ, ihr Mann müsse unbedingt im selben Jahr die Wahl gewinnen, weil sie unsicher sei, ob sie nach vier weiteren Jahren noch präsentabel aussehen würde. Genau diese Selbstironie wird sie wohl gerettet haben, denn in den Medien lag längst so etwas wie die Drohung »Wenn sie es nicht anspricht, tun wir es« in der Luft.

Ganz anders bei älteren und alten Staatsmännern wie Trump und Putin, die ihre Ehefrauen spätestens nach Erreichen des 50. Lebensjahres gegen eine jüngere Version austauschen und sich dabei auf breite gesellschaftliche Akzeptanz verlassen können. Die Basis versucht ihnen vielleicht nachzueifern, trotzdem bleiben die »Sugar Daddys« statistische Ausreißer. Aber es gibt sie. Sie verstecken sich nur. In soziologischen »Darkrooms«, in die sich selten eine mittelalte Frau verirrt …

Außer mir. Zufällig. Als Auftakt zu einem Clubhopping mit einer Freundin. Eine gut betuchte, erfolgreiche, attraktive Single-Frau, die sich dasselbe von ihrem zukünftigen Partner erhofft. Wir sind einer Empfehlung gefolgt, der zufolge sich in einem neuen Laden in der Innenstadt überwiegend Männer ab 40 herumtreiben. Niemand hat uns erzählt, dass diese Männer aus einem besonderen Grund absurde Preise für ihre Drinks bezahlen. Um einem Missverständnis zuvorzukommen – es handelt sich nicht um einen Puff, sonst wären wir ja gar nicht erst reingekommen.

Der Türsteher scheint irritiert und etwas überrumpelt, öffnet aber trotzdem die Absperrkordel. Im blau schimmernden Dämmerlicht begegnen uns zunächst gar keine Männer, sondern blutjunge Frauen mit perfekt geschminkten Gesichtern, die genauso fragend schauen wie der Türsteher. Sie drängeln an uns vorbei zur Bar und legen dabei Tribal-Tattoos frei, die sich über die Ansätze ihrer Apfelpopos schlängeln. Wir schauen fasziniert durch die Ärmelausschnitte wallender Glitzertops auf makellose Brüste, die ohne BH auskommen. Es duftet nach frischem Nagellack, Selbstbräuner und Red Bull.

Erst nachdem sich die Augen an die Beleuchtung gewöhnt haben, werden die anwesenden Männer sichtbar – in einer langen Reihe an der Bar, keiner unter 40, aufwärts geht es bis über 70. Was ich so genau sagen kann, weil zwei semiprominente Gesichter darunter sind, deren Alter bekannt ist. Viele führen Sonnenbrillen im Haar spazieren und präsentieren eine gebräunte Brust mit altmodischer Brustbehaarung unterm aufgeknüpften Hemd. Der ein oder andere Bauch stülpt sich über Skinny-Jeans, eine Kaschmir-Fraktion mit Segelschuhen und Einstecktüchern ist auch dabei. Die Mädels tänzeln unruhig vor ihren Verehrern oder haben sich seitlich angekuschelt. Die Männer bestellen und reichen die Drinks weiter an die jeweiligen Groupies.

Wir sind die einzigen Frauen, die selbst bestellen und bezahlen. Müssen. 26 Euro für einen Wodka Lemon. Das heißt – wenn es dazu käme. Der Barkeeper übersieht uns geflissentlich, bis ich mit beiden Armen winke. In diesem Moment nehmen uns auch die Männer wahr. Eine Art Déjà-vu, nur umgekehrt und auf den Kopf gestellt:

Ich kann mich noch gut daran erinnern, wie wir ältere Familienväter gemustert haben, die sich in meiner Jugend in die Discos und Clubs verirrt haben. Zum ersten Mal in meinem langjährigen und nach der Kleinkinderphase mühsam wiederbelebten Nachtleben werde ich nun genauso taxiert. Nur dass die Beobachter meiner eigenen Generation angehören. Ihr Blick lässt sich als eine Mischung aus Abgetörntsein, ein wenig Angst und Fremdscham beschreiben. Vergleichbar mit dem Gesichtsausdruck eines Teenagers, wenn die wutschnaubende Mutter eines Kumpels die Party sprengt, um den Sohn nach Hause zu zerren. Auf den angespannten Lippen der anwesenden Herren lese ich die folgenden Gedanken:

1. Eine alte Frau …
2. Eine gleich alte Frau …?
3. Ach du Scheiße, eine Frau im Alter meiner Frau …
4. Was hat die hier zu suchen?
5. Womöglich die Mutter einer …? Das ist nicht gut.
6. Geh weg, alte Frau!

Wir sind eindeutig nicht willkommen. Die Einstecktuch-Fraktion steckt die Köpfe zusammen, schließlich löst sich einer aus der Gruppe, kommt auf uns zu und lächelt verbindlich: »Die Damen …! Sie sehen ein bisschen verloren aus. Kann ich vielleicht helfen?« Das Siezen kann man in dieser Umgebung nur als Provokation verstehen. Nicht so meine Freundin, die strahlt und auf unsere vollen Gläser deutet: »Danke, jetzt haben wir gerade einen ergattert.« Das Einstecktuch ist aber weit davon entfernt, uns einen Drink zu spendieren: »Tja, nicht so einfach, wenn man hier kein Stammgast ist.« Wie sich im weiteren Gespräch herausstellt, glaubt er tatsächlich, wir hätten uns im Laden vertan, denn in einem Lokal um die Ecke gastiert eine Männer-Strip-Show à la Chippendales. Er erklärt sich sogar bereit, uns dorthin zu führen. Möglicherweise ist der Vorschlag nett gemeint – trotzdem habe ich große Lust, das Einstecktuch aus seiner Tasche zu zupfen und mich damit zu schnäuzen.

Der Abend hätte an diesem Punkt gelaufen sein können. Aber wir haben unsere teuren Drinks stehen gelassen und sind weitergezogen. Zu einem Retro-Event, bei dem ausschließlich Achtziger- und Neunzigerjahre-Hits gespielt werden. Achtzig Prozent der Gäste waren noch keine 30, ein Hauch von Marihuana schwebte von der Decke. Um uns herum, dicht gedrängt, tanzwütige und gut gelaunte junge Menschen, die allesamt keine Ahnung hatten von der Musik, zu der sie da tanzten. Und uns bestaunten, weil wir die Einzigen auf der Tanzfläche waren, die ohne zu zögern wussten, wie man sich zu »Smells Like Teen Spirit« (1993) von Nirvana bewegt (hüpfen und dabei den Kopf rumschleudern). Wir konnten aus dem Stand den Text von Ideal (1980) mitsingen: »Deine blauen Augen machen mich so sentimental. So blaue Augen! Wenn du mich so anschaust, wird mir alles andere egal.« Wir waren das Original, während alle um uns herum versuchten, ein Gefühl für ein fremdes Jahrhundert herbeizutanzen. Flo zum Beispiel, Soziologiestudent im achten Semester, der mich schon eine Weile beobachtet hatte: »Die meint deine blauen Augen, oder?« Der nicht ahnt, dass ich auch mal Soziologie studiert habe. Kurz bevor er geboren wurde. Und der mich in einer Tanzpause mit schief gelegtem Kopf anschaut und fragt: »Hast du schon die 40 geknackt?«

»Ja.«

»Cooooool!«

Ein Ende finden

Ein Abschluss in zehn Punkten

Eigentlich war das doch das perfekte Schlusswort für dieses Buch: »Cool!«

Dachte ich.

Zumal ich zum besagten Zeitpunkt auch schon die 50 geknackt hatte.

Mein Lektor ist aber der Meinung, dass ich das Ganze – die Partynächte, den Infarkt, die Psychotherapien, die erotischen Tarnkappen, die Darmpilze, die Dellen, die Elternzeitlöcher, die Ruhezonen und Tindertalks – noch mal »irgendwie abbinden« muss. Dass ich einen Ausblick wagen soll.

Puh.

Lieber Martin, mir ist ja klar, was Sie meinen. Aber ich weiß trotzdem nicht, wie ich die ganzen bunten, seltsamen, dramatischen, sauanstrengenden, lustigen, ulkigen oder spannenden Erlebnisse abbinden soll. Im Sinne von abkneifen? Damit nix rausläuft? Klingt irgendwie nach Wurstherstellung.

Und es wäre deutlich zu früh, irgendetwas abzubinden, denn sofern mein Herz dabeibleibt, rechne ich mit ein paar weiteren Jahrzehnten. Außerdem stecke ich noch mittendrin.

In der zweiten Pubertät. Und im Moment ist da noch kein Ende absehbar.

Die psychologische Forschung hat herausgefunden, dass Menschen zu Beginn und am Ende ihres Lebens am glücklichsten sind. Dazwischen liegt eine Talsohle und an deren Tiefpunkt stehen die Mittelalten (»*The u-curve of happiness*«). Es kann also nur noch besser werden, trotzdem sollte man sich an diesem Punkt mit irgendwelchen Ausblicken wohl eher zurückhalten.

Aber da Sie, lieber Martin, wie immer recht haben und weil heute schon Dreißigjährige mit Lebensratgebern um die Ecke kommen, haue ich zum Schluss auch mal ein paar vorläufige und willkürlich ausgewählte Weisheiten raus. Ohne Gewähr und Haltbarkeitsdatum, und ohne Anspruch auf Vollständigkeit, versteht sich:

1 Es gibt tatsächlich Menschen, die ohne Humor geboren wurden. Haben Sie Mitgefühl. Solange diese Menschen nicht sauer werden, wenn man einen Witz auf ihre Kosten macht, kann man sie auch zum Essen einladen. Oder sogar lieb haben. Muss man aber nicht.

2 Da das Leben und die Wahrheit immer paradox sind, kann es ein Zeichen von Reife sein, sich selbst zu widersprechen. Muss es aber nicht.

3 Vergleichen Sie niemals Ihr inneres Selbst mit dem äußeren Selbst der anderen. Sie fühlen sich unsicher, traurig, wertlos oder verzweifelt? Nach außen machen Sie trotzdem einen souveränen Eindruck? Nun, das ma-

chen alle anderen exakt genauso. Es könnte also sein, dass Ihr Gegenüber dieselben Gefühle versteckt. Kein Grund, sich unterlegen zu fühlen.

4 Wenn Sie vorm Spiegel stehen, sollten Sie niemals das, was Sie sehen, mit ihrem 20 Jahre jüngeren Ich vergleichen, sondern immer nur mit anderen 40-, 50- oder 60-jährigen Ichs. Soll heißen: Sie sehen toll aus. Wenn Sie mal nicht toll aussehen, meiden Sie an diesem Tag alle Spiegel.

5 Schönheitsreparaturen machen süchtig. Wenn Sie einmal damit anfangen, ist der Kopf schon wieder fällig, bis Sie bei den Beinen angekommen sind.
Schlupflidlifting ist keine Schönheitsreparatur. Und das schreibe ich jetzt nur, weil ich nicht ausschließen kann, dass ich es mal machen lassen möchte. Na und?

6 Trauer und Melancholie werden in jedem Fall schlimmer und unter Umständen bedrohlich, wenn man sie wegdrückt. Wenn Ihnen das Gefühl auf die Nerven geht, stürzen Sie sich ganz tief hinein, erst nach der Talsohle geht es wieder aufwärts. Dazu müssen Sie wissen, wie man korrekt heult – eine Anleitung finden Sie auf S. 160

7 Niemand kann Ihnen bei einer wirklich wichtigen Entscheidung einen Rat geben, aber jemand kann ihrer Zerrissenheit lauschen, bis Sie es selbst klar haben. Wie wir wissen, kann das unter Umständen sehr lange

dauern. Wer auch immer das aushält, verdient lebenslange Freundschaft.

8 Niemand muss etwas Besonderes können, um Ihnen zu helfen. Wenn es ganz schlimm kommt, brauchen Sie jemanden, der Sie dazu bringt, trotzdem unter die Dusche zu gehen, etwas zu essen und ihre Rechnungen zu bezahlen. Das kann jeder. Jeder, der Sie so sehen darf. Also nur wenige.

9 Es gibt keinen Grund, die Menschen, die Sie am meisten lieben, ständig mit schlechter Laune zu belästigen. Es sei denn, Sie wollen ständig testen, ob sie noch geliebt werden. Kann man machen. Wenn man eigentlich lieber allein ist.

10 Fast alles funktioniert wieder, wenn man eine Zeit lang den Stecker rauszieht. Sie selbst auch.

Dank

Ich bin meiner Therapeutin Edda dankbar, dass sie mir Verletzlichkeit beigebracht hat. Für die Verbindung zwischen Kopf und Herz und die viele Wärme. Ich danke Murmel für Zuspruch und Halt, meinen Freundinnen für Treue und Beistand, meiner Mama für so viel Lob und Loyalität und meiner Familie dafür, dass sie mich immer wieder rettet.

Rebekka Göpfert hat mich ermutigt und gestärkt, über alle Herzanfälle hinweg: danke!

Danke an meine geduldigen, strengen und saunetten Lektoren Martin Breitfeld und David Rupp.

Nunu Kaller. Fuck Beauty! Warum uns der Wunsch nach makelloser Schönheit unglücklich macht und was wir dagegen tun können. Taschenbuch. Verfügbar auch als E-Book

Ladies, liebt euch selbst!

Zu viel? Zu laut? Zu plump? Zu dick? Zu dünn? Zu unweiblich? Es ist kaum zu glauben: 96 Prozent aller Frauen weltweit haben etwas an sich auszusetzen. Was um Himmels willen ist da los? Authentisch, ehrlich und mit viel Humor erzählt Nunu Kaller in »Fuck Beauty!«, wie sie gelernt hat, dieses Hadern mit den eigenen Makeln und den Selbstoptimierungswahn hinter sich zu lassen.

Silke Burmester. Mutterblues. Klappenbroschur.
Verfügbar auch als E-Book

Mein Kind bricht auf, ich brech' zusammen

Gerade noch hat sie ihren Sohn mit einer Socke über der Hand zum
Lachen gebracht, ihm Schulbrote geschmiert und einen Gutenacht-
kuss gegeben. Und plötzlich ist das Kind erwachsen und will ausziehen. Eigentlich ist nichts Schlimmes passiert – aber warum fühlt
es sich so an? Silke Burmester erzählt persönlich und grundehrlich
davon, wie weh es tut, loszulassen und wie schön es sein kann, neu
anzufangen.

Kiepenheuer
& Witsch

Kirsten Wulf. Sommer unseres Lebens. Roman.
Taschenbuch. Verfügbar auch als E-Book

In jeder Fünfzigjährigen steckt eine Fünfundzwanzigjährige, die sich
fragt, was passiert ist

Miriam, Hanne und Claude lernen sich zufällig auf einer Reise nach
Portugal kennen. Sie sind 25 Jahre alt und verbringen an einem Atlan-
tikstrand den Sommer ihres Lebens. Am letzten Abend versprechen
sie sich: »Egal, was passiert – zum 50. Geburtstag sind wir wieder
hier.« Und plötzlich ist es so weit. Werden sie ihr Versprechen halten?